インド哲学教室
2

宮元啓一
Keiichi Miyamoto

インドの唯名論・実在論哲学

大乗仏教の起源とことば

花伝社

はじめに

澤口瞳さんと黒木靖さんの、わずか二名の学生と対論を交わしながら進めた最初の授業、これはお二人が学生だったときのもので、『インド哲学の教室』（春秋社、二〇〇八年）という形で出版となりました。そしてそれから十二年後、お二人が仕事の合間に、私が「印度山房」と自称する自宅での授業に参加してくれたおかげで、また『インド哲学教室① インドの死生哲学』（花伝社、二〇二二年）に結実する仕事が出来ました。

今回、『インド哲学の教室』では、ほんの少ししか言及出来なかった、インド哲学史上の本丸に踏み込む授業を行いました。澤口さんと黒木さんも仕事がありながらも、インド哲学関連の書物を繙きながら探求心を育てて下さったので、以前ではちょっと大変かなと思われる問題にもかなりの理解力を示していただき、結果、今回のような著作に結実する授業を行うことが出来ました。

かつて、現役の教員として大学二年生を対象とするインド思想史の授業を、実に三十二年に亘って行って来ましたが、聴講する学生たちはほとんどがひと時の過客、旅の途中でたまたま立ち寄った茶店のような有様で、なかなか深まらないことに、溜息をつくばかりだったように思います。

数年前に定年退職となり、印度山房を開き、細々ながら、長続きする聴講生を得、新しい研究生活を、体力と相談しながら送って今日に至っております。

今回の『インドの唯名論・実在論哲学』は、これまでよりも確かに難度は高くなっていると思いますが、すべて一から始まり、きちんと順を踏んで行ったものです。いきなりどこか高い所に跳躍しないようにはしているつもりですので、読者諸氏も、決して簡単に諦めずに、一歩一歩読み進めて下さい。

東京は中野の北辺にて

二〇二一（令和三）年花菖蒲の盛りに　　著者しるす

インド哲学教室②

インドの唯名論・実在論哲学——大乗仏教の起源とことば◆目次

Ⅲ　インドにおける実在論の展開

Ⅳ　仏教に忍び込んだ唯名論

Ⅰ

序——西洋哲学史上の唯名論・実在論

1　聖書の唯名論

宮元　さて、授業を開始します。今回のテーマは「インド唯名論・実在論哲学」です。唯名論と実在論、その違いが何であるか、今の所の率直な感想でも構いませんから、どうですか？

澤口瞳　唯名論といえば、ものごとは、実は名前だけのものであると。そして実在論といえば、名前より先に、まずは物があるとか、そういうようなことでしょうか？

宮元　黒木さんは、どう考えますか？

黒木靖　僕はこの問題、ちっともぴんと来ないのです。澤口さんの仰ることは何となくそうだと思わなくはないのですが、ものにそれぞれ名前があるって、それが何の問題なのか、ちょっと分かりにくいのですが。どういうことでしょうか？

宮元　黒木さんの感覚は、太古の、わりあい普通の人々の生活感覚というか、私はこれを「生命感覚」、英語で言えば“sense of living”と呼びたいと考えているのですが、その相当に根深い感覚まで探らないと、すっきりとは解明できないものかも知れませんね。

黒木　はい。でも、それが何の問題なのか、相変わらず分からないのですが。

宮元　さもありなん、かも知れませんが、一応、聞いておきたいのですが、澤口さんはどう考えますか？

澤口　いえ、そう言われましても、考えるとっかかりが分からないので……。で、何がどう問題なのでしょうか？　色々、インド哲学関係の本を読みましたが、唯名論とか実在論とか、ちっとも出て来なかったですね。「インド唯名論・実在論哲学」で講義されると伺っていましたけど、正直、何が問題なのかさっぱり分かりません。どういう狙いがあってのことなのでしょうか。

宮元　なるほどね、というのが皆さんのお話を聞いて思った私の率直な感想です。インド哲学、インド思想関連の本で、こうしたテーマでまともに論ずるものはないですからね。

＊

宮元　では、唯名論と実在論の違いを、ごく簡単に言っておきましょう。皆さんは、ことばには、それが指し示す対象がある、と、このことに異論はありますか？

黒木・澤口　ありません。

宮元　ではこれからのことは楽勝です。ことばとそれが指し示す対象が、別物であるとするのが実在論、一つのものだとするのが唯名論、以上です。どうですか？

黒木　何のことか、まださっぱり分からないのですが。

澤口　ことばはことばですし、対象は対象ですよね。例えば、鉛筆は私が「鉛筆」って言っても言わなくても有るわけで、まるっきり別物ではないでしょうか？

宮元　そう考えているからには、澤口さんは実在論者に他ならないのですよ。

澤口　えっ、それって当たり前のことだと思っていました。私は、自分は実在論者だと、今まで自覚したことはありません。では唯名論者の人は、どう考えているのでしょうか？

宮元　そうですねー、今や日本人だけでなく、世界のほとんどの人は「ことばと対象との関係は？」と訊かれれば、澤口さんと同じように答えるでしょうね。しかし唯名論は、人類がことばを持つようになって以来、実に根深く存在し続けているのですよ。

　昔々の人たちは、ことばを、とても不思議な力を持つものだと日常生活の中で実感していたのです。今でもどうですか？　「縁起でもないことを言うな」と、ごく日常的に言われていますでしょう？　澤口さん、それは分かりますね？

澤口　はい。例えば受験生を前にして、「落ちる」とか「滑る」とかは禁句ですが、そういうことですね。

宮元　何かを不用意に喋ると、とんでもない事態が生ずるかも知れないと。これまた世界中のほとんどの人たちは考えていると思います。これは人類史に根深く潜んでいる唯名論に他ならないのです。禁句以外でも、例えばおまじないもそうですね。澤口さんも何か実現して欲しいと願うとき、おまじないを唱えたこと、ありませんか？

澤口　はい、あります。でも、それほど重たい気持ちで唱える訳ではありませんが。

宮元　そうでしょうね。でも、重たい気持ちで世界のかなりの人々の心を捉えている、ことばの力の宗教がたくさんあるのですよ。例えばキリスト教がそうです。キリスト教の聖書を通読したことがありますか？

澤口　「聖書によれば」というのはよく聞きますが、自分で聖書を通読したことはありません。

宮元　そうですか。では、聖書の一節を紹介しましょう。

まず旧約聖書、ユダヤ教の場合は「旧約」無しの聖書なのですが、その冒頭が「創世記」となっています。神がどのようにして世界を創られたのかを記したものです。その冒頭部を読みますね。よく聞いて下さい。

「はじめに神《かみ》は天《てん》と地《ち》とを創造《そうぞう》された。（…）神《かみ》は「光《ひかり》あれ」と言《い》われた。すると光《ひかり》があった。神《かみ》はその光《ひかり》を見《み》て、良《よ》しとされた。」（一九五五年改訳、日本聖書協会）

どうですか？　神は、どこかから材料を集め、それで世界を建設したのでありませんね。世界が出来る前に、世界を建設するための材料なんてありませんからね。

澤口　うーん、そういうことですか。でも、少し考えさせて下さい。何かしっくり来ないような気がしますので。

宮元　分かりました。では、黒木さん、どうですか？　聖書のこの一節、御存知でしたか？

黒木　はい、ある程度聞き知っていましたが、理解出来ないことがあります。そもそも神がそのようにして世界を創られたと、誰が知っているのでしょうか。聖書は人間が伝えているものですね。でも世界が創造されるまで人間はいなかったのですよね。もしかして神様が、自分が創ったアダムとかエヴァとかに、自分はこうやって世界を創ったのだと自慢話みたいに喋ったのでしょうか？

宮元　さあ、そこが問題です。黒木さん、先程から黙っておいでだったのでどうかな、と思っていましたが、鋭い所を衝いていたのですね。これなら話がスムーズに進みそうですね。

澤口　私も、この創世記、何かしっくりしない感じを憶えます。なぜかと言いますと、神が世界を創造する前に、世界を構成する材料は無かったということですが、それなのにそれまで無かったはずの「光」を、つまり、神は光など見たことがないはずなのに、なぜ、「光あれ」と言えたのでしょうか？　そもそも「光」ということば、また、それが何を指すのかを、神はどうして知っていたのでしょうか？　誰かから教えて貰ったのでしょうか？　まだ無いものを、神はなぜ知っていたのでしょうか？　どうしても簡単には納得出来そうにありません。

宮元　まず黒木さんの疑問ですが、神の世界創造の偉業があああったと、誰が知ったのか、神様が喋ったのか、当然の疑問ですよね。そこで切り札が切られるのですね。それは「預言者」なるものです。これは、「神のことばに預かる者」という意味で、その最初の人物が、モーセと呼ばれる人です。ユダヤ教も、キリスト教も、イスラム教も、モーセが「これが神のことばだ」と世の人々に伝えたことから発しているのですね。

これらの宗教では、最初の預言者はモーセ、その後、たくさんの預言者が現れましたが、キリスト教にしてみれば最後の預言者はイエスで、イスラム教ではイエスは過渡期の未完成の預言者で、最終的な預言者ことムハンマドだとされますね。

次に澤口さんの疑問ですが、これはなかなか解決の道はややこしそうですね。

神は唯一絶対で、世界創造以前、神より他には何ものも無かったのですから、神が色々な経緯でことばを学んだ、などということはあり得ません。でも、それにもかかわらず、世界を創造する最初に「光あれ」と、なぜこのようなことを言えたのでしょうね？　この問題は、おそらく、ユダヤ教の神学でもあれこれ議論されたはずです。そうした神学上の論争の経緯は不明ですが、結論だけははっきりしていると思いますよ。それが新約聖書の「ヨハネによる福音書」の冒頭の文言だと、私は睨んでいるのですけどね。

その部分を次に読み上げます。しっかり聞いて下さい。

「初《はじ》めに言《ことば》があった。言《ことば》は神《かみ》と共《とも》にあった。言《ことば》は神《かみ》であった。この言《ことば》は初《はじ》めに神《かみ》と共《とも》にあった。すべてのものは、これによってできた。できたもののうち、一つとしてこれによらないものはなかった。この言《ことば》に命《いのち》があった。そしてこの命《いのち》は人《ひと》の光《ひかり》であった。光《ひかり》はやみの中《なか》に輝《かがや》いている。そして、やみはこれに勝《か》たなかった。」（一九五四年改訳、日本聖書協

会）

どうですか、どこかで聞いたことのある文言がありますね。文語調で、「初めに言葉ありき」って、特に政治の場面でよく利用されていますね。「初めに結論ありきですか、それでは審議に応ずる訳にはいかない」と、大概の野党は重要法案の審議に入るのを拒否するとき、こうした言い方をしますね。ワンパターンも良い所で新鮮味に欠けること甚だしいと、なぜ野党議員たちは気付かないのでしょうね？　不思議です。と、それは措いて、澤口さんは、この福音書の言い方をどう考えますか？

澤口　えーと、ことばが、神よりも前にあったのか、後になってからあったのか、という問題は取り敢えず解消されたみたいですけど、ことば＝神が、何のきっかけで世界を創ろうと思い立ったのでしょうか？　世界を創る必要が、ことば＝神にどうして出て来たのでしょうか？世界を創る必要がなければ世界は無いわけで、世界に生きているクリスチャンにしてみれば、何とも悲しい話なのかも知れませんが、私はクリスチャンではありませんので……。

宮元　はい、これはこれで大問題なのでして、完全無欠の神がなぜ世界を創ろうとしたのか。それは以前のままでは足りないものがあることを打開するためにそうしたのだ、とすると、足りないからなら、神はそもそも不完全な生き物でしかなかったのではないかと、不信感を持つ人々がクリスチャンの内部からも出てきて不思議はないですね。この問題、今にも尾を引いていて、まあ、クリスチャンでない私としましても、そうした議論で用いられる理屈自体には大いに興味があります。

と、それにしましても、どうですか？　これによれば、神はことばを使って世界を創った、という話ではなく、単純の窮みの話、つまり実は神はことばに他ならなかったのだ、真相は「ことばが世界を創った」ということ、これに尽きるという話なのですよ。神は驚異的な力を持つことばを操るのではなく、驚異的な力を持つことばそのものなのだと。皆さん、理解出来ますか？

澤口　とてもではありませんが、理解出来ません。

宮元　黒木さんは、どう思いますか？

黒木　うーん、なぜなのでしょうか。そういう考えが公然と行われたということは、あり得たからあったということですよね。あり得ないことがあるようになるのではないのですから……。世の中には自分とはそもそも考えの出発点が違う人々がたくさんいた、いる、ということだと思います。うーん、手も足も出ない、何か無力感を憶えます。

宮元　私もそれに似た感覚を憶えます。私は唯名論を当然とする人々と、実在論を当然とする人々とは、決して同じ土俵に立っているのではなく、それぞれ、全く別の次元で独自に考えを展開しているのだなと考えます。「生命感覚」「生活感覚」の次元での違いは決定的なもので、およそ話が通じ合うことはまったくない、話せば分かるなどの考えは楽観的な妄想に過ぎないと、確信を強めるばかりなのですよ。

2　アリストテレスの実在論

宮元　さて、唯名論については取り敢えずそこまでとして、西洋哲学史上の実在論を考えることにします。後世への影響力の大きさからすれば、やはりアリストテレスの実在論に注目せざるを得ませんね。

まず、アリストテレスが唯名論者ではなく徹底して実在論者であったことを裏付ける、最も端的な証拠は、まず物事が先にあって、その物事をどう名付けるかは、生活基盤を共有する集団の取り決め（シュンテーケー）によるとした、と、この一点にあります。物事とことばとは同時発生のものではない。まず物事があって、それをどうことばで表現するかは後の問題だというのです。ことばとそれが指し示す対象とは別物であると、このことははっきりとしているのですね。このことについて何か疑問がありますか？

黒木　それは自分たちとまったく同じ感覚ですね。今でもそれまでになかった事物が登場したとき、「これは何と呼んだらよいのか」となりますね。マスメディアあたりが先に命名することが多いですが、基本的には物事よりも後になって、それに対応することばが創られると、それで問題はないと、僕にはそうとしか思えませんが。

宮元　澤口さん、どうですか？
澤口　そうですね。先程のおまじないとか呪文とかも、ことばが望ましい事態を引き起こすようであっても、その望ましい事態が何と呼ばれるかは物事をどう名付けるかということばの後付け適用から発することですから、やはりことばが物事を創るとか、物事はことばに他ならないとかという議論は本末転倒しているのではないでしょうか？
宮元　はい、御明察です。そう澤口さんが仰るというのは、澤口さんが紛れもない実在論者だということにほかならないのです。一応言っておきますが、私も紛れもない実在論者です。そしてこの実在論が、世の中をどのように整理して捉えるのかと、その見本のようなと言いますか、その当時ならそう考えて当然なのかも知れないなという思索を、思いっきり展開したのがアリストテレスだったのですね。
　アリストテレスは、万物の分類にとても熱心で、哲学者であることは勿論ながら、私としては人類初の本格的な博物学者だったと評価しているのですけどね。そしてその分類に熱中したアリストテレスが樹立した方法的な概念として、「種」と「類」と「普遍」というものがあるのですが、御存知ですか？
黒木　種と類を合わせれば「種類」となりますね。何か、分類の基準ということなのでしょうか？
宮元　うーん、黒木さんは学部の一年生のとき「西洋哲学史Ⅰ」は受講したと思うのですが、アリストテレスについてはあまり記憶にないようですね。澤口さんはどうですか？

澤口　そう言われますと、私も勿論その授業の単位は取りましたけど、ソクラテス以前の哲学者たちの断片的な記述とか、ソクラテスとか、プラトンとか、そのあたりの話が中心で、アリストテレスについてはあまり詳しい話はなかったように思います。

宮元　それは分かるような気がします。昔、私が学部の学生だった頃、哲学界ではアリストテレスは大人気でして、出隆先生監修の厖大な『アリストテレス全集』が和訳されたこともありました。その当時の哲学研究に従事する人々の関心のあり方も色々ありまして、勿論ソクラテス、プラトンもそれなりの人気がありましたが、哲学体系の範囲と壮大さの点からすれば、アリストテレス哲学の比ではないという雰囲気がみなぎっていたのです。つまりソクラテスやプラトンの話は、面白いけれどこれといったまとまりに欠く、一種の「物語」ぐらいにしか捉えられていなかったのですね。

とはいえ、近年は、アリストテレスの人気はたいしたことはないようになりました。はやりすたりは、哲学の世界でもあるのですね。

＊

宮元　さて、かつてない本格的な博物学者であったアリストテレスが、博物学の基礎中の基礎と考えたのが、他ならぬ分類学です。植物分類学、動物分類学と色々な分類学を開発しましたが、それらは今では非科学的とのレッテルが貼られて、ほとんど顧みられることもなくなりました。しかし、神を頂点とする生き物のヒエラルキー構想は、後のイスラム神学、それを介したキリスト教神学に絶大な影響を及ぼしました。科学よりも、後には神学のレヴェルで、アリストテレスの分類学は珍重されたのですね。

これについては後でまた考察しますが、取り敢えずアリストテレスが駆使した、「種」と「類」の区別については、しっかりと押さえて置くことにしましょう。

＊

宮元　名称、あるいは概念には、一つのものだけを指すものと、然るべき規模のグループ（集合）の成員のすべてを指すものとがあります。

一つのものを指すものとは、例えば太陽とか地球とか、また、人名、地名、国名などの、いわゆる固有名詞です。これは「そう呼ばれることになっている」の一言でお終いですから、当面の議論の対象から外して置くことにしますね。

ところが、例えば「エイ」と呼ばれるグループ、「サメ」と呼ばれるグループなどが、まとめて「軟骨魚類」と呼ばれる場合、小さなグループが「種」、それらを包摂するグループが

「類」とされます。概念という用語を用いれば、種概念と類概念、あるいは下位概念と上位概念と呼ばれます。また、「軟骨魚類」のグループと同レヴェルにある「硬骨魚類」のグループは、概念としては「同位概念」と呼ばれます。すると次には、この二つの概念を包括する上位概念として、「魚類」という概念が立てられます。この場合は、軟骨魚類や硬骨魚類は種概念、魚類は類概念だとされます。

こうして、下から順に種と類、種と類と階梯を上げていきますと、皆さんももう予想されておいででしょうが、もうそれよりも上の概念がない、ただ一つの最高概念に行き着くはずです。この概念は、下にすべての概念を包摂しますので、特別に「普遍」と呼ばれ、アリストテレスによればそれが神に他ならないとされます。

と、ここまで、よろしいでしょうか?

黒木　はい。一応分かりましたけど、そのような万物のヒエラルキーって、この世に本当にあるのでしょうか? 科学的な観察と分析に基づく分類はあって良いとして、この世には、と言いますか、この宇宙の中に何があるのかって、分かっていないものが山ほどあるのではないでしょうか。アリストテレスは、自分の知っているだけのものを人工的な型にはめ込んでいるような、何か自信過剰のような気がしてなりませんが。

澤口　最近になって大学一年の時に受けた「西洋哲学史Ⅰ」の授業のノートを読み返したり、それをまた確かめるために、西洋哲学史を概観した本を読んだりしているのですが、アリストテレスの意図はこうではないかと思うのです。つまり、アリストテレスはデモクリトスの原子論を前提としているのですが、それによれば、常住の原子が中身のつまっていない虚空の中を動き回り、離合集散を繰り返し、それがいわゆる現象世界の千変万化のもとになっていると考えました。

それから、アリストテレスは、というか、そもそもギリシア哲学や数学の世界では、無限をとても嫌いますので、世界が永遠の昔からあったと考えることが出来なかったのです。すると、世界は昔のある時点で始まったことになるのですが、その始まりの時点で、原子に運動エネルギーを与えるものが何かないとおかしい、それが世界の第一原因だとされるのですが、ふつうのものがそれだとは考えられませんので、それこそが神なのだと考えたのですね。すると神よりも上に立つものは何もないことを証明しなければならないわけで、そこで考え付いた妙案こそが、神は万物のヒエラルキーの最上位に君臨することを嫌が応でも訴える分類学だったと、大まかに言えばそういうことみたいですけど、どうでしょうか?

宮元　いやあ、御明察、御名答ですね。それで十分だと思いますよ。

＊

宮元　さて、澤口さんの御見事な説明を是として、もう少し先に進んでみましょう。

アリストテレスの分類学は、種と類との、それぞれの特徴を基準にしているのですが、細かく言えば、例えばどのような性質を持つのか、どれほどの大きさなのか、それだけでなく、あれとこれとはどのような関係があるのか、などなど、何しろ実在論に立つ博物学者なのですから、その分類では覆いきれない方面を埋め尽くさないではいられなくなったのですね。そこで考えたのが、カテゴリーです。カテゴリーということばは、私たちも日常しばしば口にするのですが、これは皆さん、どのようなことだと思われますか？

澤口　えーと、カテゴリーというのは、動物や植物の分類基準と無関係ではないと思いますが、分類される対象の様相ではなく、人間である自分たちがどう区別立てするか、その基準のような気がします。うまく言えませんが、例えば、白色のもののカテゴリーとかは、万物の分類とは別の次元の話ではないかと思えるのですが。

宮元　はい、何か自信なさげに仰ってますが、かなりずばりのところを衝いていると私には思います。例えば、雪は白いですね、雪ウサギは文字通り白いですね、絵を描く前の紙や布は、大体、白いですね。いや、きりのない話で、そこでおよそ白いものをまとめて、それを種だとか類だとかに認定出来るでしょうか。また、丸々と太ったタイと、それほど成長していないいや貧相なタイと、大きさや重さが違いますが、それでもってタイに種と類といった基準で分類して、何か意味があると思いますか？

黒木　こんなことを考えて良いものかどうなのかまったく自信はありませんが、このタイは脂が乗っているとか、あのタイは脂が乗っていないとか、テレビ・レポーターが言いますけど、タイにとっては余計なお世話なのではないでしょうか？　タイはタイとして、自分の人生、うーん、タイ生でしょうか、それのみで生きているのだと思います。それを、ああだ、こうだと、これって当事者のタイとは無縁の人間の思惑でしかないのではないでしょうか？

宮元　いや、黒木さん、随分と熱く語って下さいましたね。おかげで話がずんと進むのではないかと思います。あえてお訊きしますが、なぜ人間たちはそうしたことに、ああだこうだと言いたがるのでしょうね？

黒木　えー？　だって人間ですから、ああだこうだと言うしかないのではないでしょうか？　人間は、判断、それも、ものごとをことばに表わすことで周りの人々と意思疎通して、この世をうまく生き抜こうとする生き物なのではないでしょうか？

宮元　はい、黒木さん。凄い核心に入って来ましたね。そのことを自覚しておいでですか？

黒木　ちょっと思い付いたことを喋っただけで、ものごとの核心に入ったという気はないのですが……。

澤口　ちょっと口を挟んで良いですか？　黒木さんが仰りたいことはこういうことでしょうか。つまり、色々な生き物でも、何かしらかのコミュニケーションの方法を持っているかも知れない。けれども、何が何をどうしてかと表現する、ちゃんとした文法に則った言語表現なるものを駆使できる生き物は、人間しかないと、そういうことでしょうか？

黒木　文法というのは思いもよらなかったですね。でもそうかも知れませんね。「この庭にはバラが咲いています」って、人間は文法に則って考え、そう表現しますし、そう口にしますね。

澤口　人間以外の生き物が、「この庭にはバラが咲いている」と理解するとしましても、それを主語となる名詞、述語となる動詞、場所を示す名詞、それらをつなぐ「て、に、を、は」といった文法に則って言語表現するとは思えません。そうではないかもとする他者に、「ほれ、その通りじゃないですか」なんてことを言ったりするとも思えません。ことばによる質疑応答など、あり得ないのではないでしょうか？　すみません、私も、こう考えることに何の意味があるのか、段々、分からなくなってきたのですが。

宮元　そこまで来るとは私も正直言って想定外でした。でもこれで話は早く進みそうですね。つまり、私たち人間は、進化の末と言うべきか、それとも宿命と言うべきか、ことばによるコミュニケーションを前提に生活しているため、当然ながらものごとを考える際にもことばを用いる「判断」を、四六時中行っているのです。ものごと、事態、広く言えば世界がどうなっているのかについては、判断という形式を踏まなければ、何も判断出来ないようになっているのですね。

で、判断というのは、最も基本的には「何々は〜である」、そしてさらに最も基本的には、「これは〜である」「あれは〜である」というように、指示代名詞を主語にした文章の形を取りますね。

その「～」、つまり述語に相当することばですが、その述語として最も基本的なものは何でしょうか？　アリストテレスの『カテゴリー論』という小品でも、「文法」的な観点が極めて重視されています。文法的には、ことばは名詞とか、形容詞とか、動詞とか、色々ありますが、皆さんはどれが最も基本的だと考えますか？

例えばお花屋さんに直に出向くことなく、電話で花の注文をするとしますね。例えば、バラの花が欲しいとき、色とか形とか、大きさとか数量とかを先に相手に伝えることはまずないですね。「あのー、バラの花を注文したいのですが」、「はい、どのようなバラをお望みでしょうか？」、「えーと、赤い大輪の花が欲しいのですが」、「ではこれこれの銘柄のが宜しいのではないでしょうか？」、「それはどれほど長持ちしますか？」、「これこれの処置をすれば、一週間は持ちますが」、「あ、それならそれにします」、「何本御入用でしょうか？」、「二十本ですが、これこれ程の花瓶で大丈夫でしょうか？」、「はい、大丈夫だと思います」、「ではそれを注文します。宜しくお願いします」といったやり取りがあり得ますね。

この時、花屋さんに、「赤くて長持ちして、これこれ程の花瓶に収まる、二十本が欲しいのですが」なんて言いませんよね。まずバラの花があって、それからそれに付随する色や形や量などの注文になりますね。

これを、アリストテレス流に平たく言いなおしますと、判断の最も基本的な形、「これは～である」の「～」は、形容詞や副詞や動詞を差し置いて、日常生活の中では、まずは名詞だということになりますね。これは宜しいでしょうか？

黒木　うーん、そう言われますと、そうだとしか言えませんが。

澤口　これって、ひょっとしてあれかしら？　以前の講義で、先生がヴァイシェーシカ学派のカテゴリー論の説明をなさる時に、「白い牛が歩く」という例文を使われましたよね。

宮元　おや、驚きました。よく憶えておいでですね。「白い牛が歩く」という例文は、私が思い付いたものではなく、ヴァイシェーシカ学派の初めから用いられていたものなのですね。それで澤口さん、そこからどのような話になるのか、憶えていますか？

澤口　はい、確か「牛」は名詞で表され、「白い」は形容詞で表され、「歩く」は動詞で表されると。そして、牛は「これが牛です」と簡単に示せますが、白いことについては「これが白です」と言って、牛からその白さをはがして、ほらこれ、というように示すことは出来ないとか。それから、歩いている牛から「歩く」だけをスポーンと抜き取って、これが歩行ですと示すことは出来ないと、そういった話でしたよね？

宮元　良く憶えておいでですね。で、それからどういう話に展開したのでしたか、それも憶えていらっしゃいますか？

澤口　はい、名詞で表される牛は、白いとか歩くとかの基体であって、白いとか歩くとかはその属性であると、そうでしたよね？

宮元　はい、その通りです。十二年前の私の講義、無駄ではなかったのですね。何だか感慨すら憶える程です。その講義で、私は『不思議の国のアリス』に出て来るチェシャー猫の話をしたと思うのですが、憶えていらっしゃいますか？

澤口　はい、もうあんな面白い話、忘れる訳がありません。

宮元　それでは澤口さんから説明してくださいませんか？

澤口　はい。「チェシャー」という語は、イギリスのある地方の名称で、それを発音すると、口元がにやりと笑った風に見えるところから、駄洒落で、「にやにや笑いする猫」で「チェシャー猫」となったと。

アリスが歩いていて、ふと見上げると、木の枝にこのチェシャー猫が横たわっていました。すると、チェシャー猫は尻尾の方から段々消えていき、最後にはにやにや笑いだけを残してすっかり姿を消してしまいました。そこでアリスは言いました。「にやにや笑いのない猫は見たことがあるけど、猫のないにやにや笑いを見るのは、生まれて初めてだわ」と。

こんな話でしたよね。

宮元　その通りです。よく憶えていらっしゃいますね。で、何が問題になるのでしたっけ？

澤口　この場合、猫が基体で、にやにや笑いが属性ということになります。属性を抜きにして基体を語るのはまったく不自然ではありませんが、基体を抜きにして属性だけを語る、というか、想像するのは無理だと。作者のルイス・キャロル、これはペンネームで、ドジソンが本名ですが、本職は数学者、論理学者だったのですね？　論理的にはあり得ない話がノンセンス話で、この作品でもよく出て来ますね。
宮元　そういえば、『不思議の国のアリス』にはこんな話もありますね。帽子屋が主宰するティーパーティー、憶えていますか？　黒木さんは、以前ディズニーのアニメで見ただけで、本は読んでいないと仰っていましたが、あれから本は読みましたか？
黒木　はい、あれからすぐに文庫本を買って読みました。本で読んで初めて分かったのですが、これ、子供向けのただの童話ではなくて、ノンセンス話や駄洒落やパロディや、要するに相当に頭を使う、仕掛けだらけのことば遊びで出来ているのですね。アニメでは話になりませんね。それから、元の英語版も買って読もうとしたのですが、お手上げでした。あんなに手の込んだものだとは思いませんでした。
宮元　英語版も読みましたか。実は、私も何回も読み返しているのですが、自分で訳すのは無理だとつくづく思いました。
『不思議の国のアリス』は有名ですし、分厚い本でもないので、今までも色々な人が色々な和訳を出して来ましたが、訳者によって訳し方がかなり違うのですね。
あ、それはそれとして、ティーパーティーの話ですが、何か憶えていますか？
黒木　変てこりんな話が満載なので、どの話と言われましても。
宮元　それはそうですね。ではこういう話。アリスが席に着くと、帽子屋がお茶を出しますね。「もっとお飲みなさい」ってね。するとアリスは、「まだ一杯も飲んでいないのに『もっとお飲みなさい』はおかしいわ」と言います。当然ですね。で、帽子屋の返事、「一杯も飲んでいなかったところから一杯飲むのですから、『もっと』ではないですか？」とね。この話、何を問題としていると思いますか？

黒木　うーん……何か変で狐に鼻をつままれた気分ですが……はて、何がどう問題なのかなあ。

宮元　澤口さん、どうですか？

澤口　おかしいなとは思うのですが、どうしてなのでしょうか？

宮元　どんな事でも良いのですが、何かを成し遂げようとしていて、何かうまく行かず、行き詰まったとき、投げ棄ててしまう時もあるでしょうが、やり直してみようとする時もありますね。その時ふつうは「一から出直す」と言いますね。ところが最近よく耳にするのですが、「出直す」決意を強調したいのでしょうが、「ゼロからの再出発」と。これは困った話なのですよ。数学上のイロハの問題なのですが、何だと思いますか？

澤口・黒木　えー、何でしょうか？

宮元　ではお訊きします。自然数はゼロから数え始めるでしょうか？

黒木　そうではなく一から数え始めます。

宮元　では、ゼロは自然数でなくて、何数でしょうか？

黒木　そうか、整数ですね。数直線でマイナスとプラスの境目がゼロでしたね。

宮元　そういうことです。ふつう「テーブルの上に、蜜柑は何個ありますか」という場合、一つ、二つ、と数えますね。ゼロ、一つ、二つとは数えません。自然数ですから、日常感覚からしても、ゼロ個目の蜜柑はあり得ないと、そういうことです。

澤口　あ、やっと分かりました。帽子屋はわざと自然数と整数を取り違えたのですね。

宮元　ご名答。思うに、「ゼロからやり直す」なんて言い方をする人が、昔のイギリスにもいたのですね。それをからかったのがこの帽子屋のおかしなティーパーティーの話だと。分かりました？

澤口・黒木　なるほど、よく分かりました。

黒木　「ゼロから出直す」では、どこから出直すのか分からない、と言いますか、場合によっては出直すつもりはない、と暗に言いたいのかもしれませんね。

宮元　政治の世界ではよく言われますね。黒木さんが喝破されたように、「出直す」と言って反省するふりだけで実は何も反省しない、そういうレトリックだとしか考えられないことがよくありますね。「前向きに検討致します」、実は何も検討しない、よく似ていますね。政治家用語は要注意ですね。

＊

宮元　さて、『不思議の国のアリス』の話題はこれぐらいにして、アリストテレスに戻りましょう。

ひょっとして皆さん、今のような西洋哲学の話を延々としていて、肝腎のインド哲学はいつ始まるのかと心配されておいでではありませんか？

確かに遠回りし過ぎかも知れませんが、アリストテレスの哲学は西暦紀元前二世紀頃、インドの哲学界に強烈な影響を及ぼしていますので、今しばらくの御辛抱を願います。

さて、「これは～である」という最も基本的な判断、命題の述語に当たる「～」で、最も基本的な名辞は文法的には名詞で示されるものだということになり、これをアリストテレスは「実体」と命名しました。述語のことを古代ギリシア語起源の英語で「カテゴリー」と言います。

述語には、実体以外に「美しい」とか「重たい」とか、幾つものジャンルの名辞が入りますね。そこでアリストテレスは、実体というカテゴリーの属性となるカテゴリーとして、九つを立てました。併せて十カテゴリー論を展開したのです。

その十カテゴリーとは、実体、性質、量、関係、場所、時、能動、受動、状態、所有のことです。文法を基準にしていることが分かると思いますが、かなり分かりづらいですよね。私、ギリシア哲学を専門とする研究者の何人かに詳しい説明を求めましたが、どうも明解な答えを得ませんでした。インドのヴァイシェーシカ学派は、このアリストテレスのカテゴリー論を受け、同じく文法学的な観点から幾つものカテゴリーを立てました。これはまた別の機会に詳しく説明することとしますが、ヴァイシェーシカ学派のものの方が、遥かに分かり易いのですよ。もっともアリストテレスのカテゴリー論は、アリストテレス全集の冒頭に位置するとはいえ、他の作品に比べて余りにも短い作品でしか論じられていないのです。ですから文法学的な観点からの分類だということは辛うじて分かるのですが、それを基に大きく展開した議論が見られないものですから、何か歯がゆい思いをせざるを得ないのですね。

で、このカテゴリー論と、種と類による分類学と、それ以外にもアリストテレスがものごとを分析的、分類学的に重視した視点があるのですが、それは何だと思いますか？　澤口さんは、少し古代ギリシア哲学関連の本を参照したと仰っていましたが、恐らく分かると思います。どうですか？

澤口　えーと、そう訊かれましても、ちょっと見当がつかないのですが。

宮元　そうですね。少し不親切な質問でしたね。では、こうお訊きすることにしましょう。アリストテレスがマケドニアからアテネに移り、リュケイオンに大きな学院を創立しましたね。それは誰かの大きな影響を受けてのことなのですが、それが誰だか分かりますか？

澤口　はい、プラトンが創立したアカデメイアという学院のことですね。哲学を中心に、宗教や政治などの外的な権威に支配されることなく、自由で自発的な思索を行う学院で、およそ学を志す人なら誰にでも開かれており、学部大学というよりは今の大学院大学みたいな雰囲気がある学問の場でした。それで良いでしょうか？

宮元　はい、大いに結構です。

で、プラトンとアリストテレスは、理想は同じだと言って良いかも知れませんが、哲学上の基本的な構想は相当に違います。それについてはどうですか？

澤口　私への質問ですか？　えーと、ちょっとお待ち下さい。

宮元　どうぞ、ごゆっくりお考えください。と言いましても、誘導尋問になるようで申し訳ないのですが、まず高校の倫理の授業でも、一口で言えばプラトン哲学の看板は何だと教えられていると思いますか？

澤口　はあ、そういうことですか。私、高校では倫理の授業は取っていませんが、それなら分かります。真善美のイデアのことですね？

宮元　そう、そのイデアですが、それは私たちが日常生活の感覚で捉えることの出来る、ごく身近なものでしょうか？　これも誘導尋問みたいでちょっと気が引けるのですが。

澤口　気になさらないでください。プラトンのイデアは、私たちの経験世界とはまったく別の、天国みたいな理想郷としてイメージされていますね。「洞窟の譬え」が有名ですが、現実の経験世界は、遥か背後にあるイデアの光が映じ出した映像、影みたいなものだと言いますね。本体のイデアは、真善美の、言ってみれば鮮やかな色彩のものですが、影はただのモノクロ世界でしかないと。これは魅力的な雰囲気を感じると同時に、フィクションみたいだなと不信感も憶えるのですが。

宮元　はい、その不信感は不信感として、アリストテレスはプラトンと同じ考えだったでしょうか？　本体はイデア、現象世界はその影、なんてことを考えたでしょうか？
澤口　全然、まったく違いますね。アリストテレスは、個物の内に形相と質料とがあると言いますね。私が読んだ古代ギリシア哲学の概説書では、形相がプラトンのイデアに相当するのであって、つまりイデアは、遠く離れたところにあるのではなく、ものごとの内部にあるのだと。大体そのような説明になっていますね。
宮元　それですね。「アリストテレスは、プラトンの哲学を内在化させた」なんて表現している本をよく見かけますね。私はこうしたいかにも意味ありげな言い方は好きではありません。アリストテレスはあくまでも経験論者ですから、そもそも本体と現象という区別に関心がなかった、というか、完全に無視した、否定したと思うのですね。極論めいた風に聞こえたら申し訳ありませんが、学院の有り方について、アリストテレスはプラトンを踏襲しましたが、プラトンのイデア哲学など初めから眼中になかったというのが真相ではないでしょうかしらね。
　で、形相と質料ですが、ここで私も不案内なギリシア語を持ち出すのも何ですが、一応「形相」は「エイドス」の、「質料」は「ヒュレー」の訳ですね。
　ものには見えたり触れたりするものがありますので、それが「質料」だというのはすぐに分るでしょうが、「形相」って何でしょうか？　ちょっと説明してもらえますか？
澤口　え、また私ですか。私、読んできた本の影響みたいで、形相はプラトンのイデアの内在化した何かのように受け取ってきましたけど。

宮元　「内在化した何か」って何でしょうか？

澤口　例えば、このボールペンでいえば、ボールペンのボールペンたる所以のことかな。このボールペンの本質というか。私たちが、これを見て「ボールペン」だと呼ぶ根拠というか、その辺りのことだと思いますが。

宮元　でしたら、何も大仰に考えなくとも、これが「ボールペン」だというのは、この名称が「ボールペン」だから、で済むのではありませんか？

　アリストテレスの影響を受けたヴァイシェーシカ哲学よりもはるか前から、インドでは森羅万象は「名称」と「形態」より成るといわれて来ました。その始まりは、西暦紀元前八世紀のウッダーラカ・アールニで、それよりも二百年後、つまり西暦紀元前六世紀から五世紀にかけて活躍した仏教の開祖ゴータマ・ブッダも、森羅万象についてまったく同じように考えました。という訳で、ちゃんとギリシア語が読めないとはいいえ、また叙述の仕方が相当に違うとはいえ、私には、アリストテレスはインド哲学の伝統にあるものと見做すことで、まことに分かり易いのですよ。古代から近代までの西洋哲学者の書いたもので、インド哲学史に簡単に位置づけることの出来るのは、古くはアリストテレスのもの、近くはカントのものなのですね。

　なぜそうなのかは、今回の授業でも少し明らかにするつもりです。皆さん、乞うご期待です。

＊

宮元　さて、ここで一息入れることにしましょう。次には、西洋中世のキリスト教神学、いわゆるスコラ哲学で激しく争われた、実在論と唯名論の中身を概観しようと思います。これは西洋哲学史では「普遍論争」と称されますが、中身は実在論と唯名論のガチンコ対決で、結局は実在論派が唯名論派を実力で抑えた、いや、一方的に殺戮、抹殺することで終結した、まことにおぞましいものでした。説明は短時間で終わるだろうと思いますが、何しろきつい話で、今は少し頭を休めておくのが賢明かなと思います。で、休憩時間はちょっと長めに二十分。アーモンドのスライスがはってあるソフトなクッキーがありますので、そこのフルーツティーのティーバッグでお茶を入れて、ゆっくりくつろいでください。それでは後でまた。

3　西洋中世の熾烈な普遍論争

宮元　さて、ローマ帝国がキリスト教を国教として認めてから、いわゆる長い素朴な教父（パードレ、神父、伴天連《ばてれん》）時代を経て、十二世紀以降、キリスト教神学が体系的なものに編纂されまして、スコラ哲学と呼ばれる恐ろしく煩瑣な議論が展開されました。

で、面白いのは、体系的なキリスト教神学の礎を築いたのはキリスト教徒ではなく、イスラム教徒の、つまりムスリムの神学者だったのです。キリスト教側が一方的に起こした十字軍以来、個別の融和的な事象がなかった訳ではないとはいえ、全般的に両宗教は大量の流血を伴う抗争の歴史を辿りました。ですからちょっと意外に思われるかも知れませんが、お聞きください。

さて、まこと奇跡的なことなのでしょうが、かのプラトンの著作集や、かのアリストテレスの著作集は、今でもほぼ完ぺきな形で見ることが出来るのですよ。これは何故かと言いますと、マケドニア帝国のアレクサンドロス大王が大きく関わるのですね。

皆さんはどうも高校で世界史はあまり熱心ではなかったようですが、その頃のギリシア世界がどのようであったか、御存知ですか?

黒木 マケドニア王国が力を増す中で、アレクサンドロス大王が現れて、ギリシアを呑み込み、それからペルシアを征服し、勢い余ってインドにまで侵攻したものの撤退途中で急逝したと、そのぐらいのことですが。

宮元 マケドニアが勢力を急速に拡大していった頃、ギリシア世界はどうなっていましたでしょうか?

黒木 そのあたり、かなりうろ覚えでしかないのですが。ギリシアには、多数の都市国家が乱立していて、統一的な国ではなかったと。でも、ペルシアの度重なる侵略があると、一応アテネあたりを中心に結束し……あ、ソクラテスも、勇敢な武将として出兵したそうですね。で、なんとかそれを凌いだと。そして多くの都市国家の中で、アテネが突出した地位を占め、経済的に大いに潤った。それが良かったのか悪かったのか、衆愚政治が常態化し、リーダーたちがただの人気取りのために無謀な政策を取り続けたため、ギリシア世界は収拾のつかない内紛状態に陥ったと。そしてまたギリシアの北の田舎国家が漁夫の利を得、ギリシアの混乱に乗じて大ペルシアの侵攻の危機もあり、そこでついにと。何かとりとめのない話でしたが、大体、そのようなことがあって、アレクサンドロス大王が歴史に残る大活躍をしたと、どうでしょうか?

宮元　いや、衆愚政治うんぬんが本当だったかどうかを措きまして、大筋、間違っていないと思いますよ。私もギリシアの歴史をそれほど丹念に調べた訳ではありませんので、今の黒木さんの説明よりそれほど詳しい経緯については確信がありませんので。澤口さんは、今の話に何か付け加えたいことがありますか?

澤口　そうですね、アリストテレスはそのアレクサンドロス大王の、青年時代の家庭教師だったと聞いていています。ですからアレクサンドロス大王の事績とアリストテレスとは、何か関係があったとしてもおかしくはないかな、と私は思うのですが。

宮元　そうですね。マケドニアがギリシア全土を支配下に置いたのは、アレクサンドロス大王の父君でした。それでアリストテレスは、青雲の志を抱いて、哲学の都、アテネにリュケイオンの学院を創設したのですが、当時の世界では洗練度の高すぎたアテネの知識人たちからは、田舎者が大きな顔をしてと妬み嫉みが結構あり、アリストテレスは志半ばで学院を畳み、マケドニアに帰らざるを得なかったようですね。その経緯は今は措くとしまして、アリストテレスの教育をたっぷりと受けたアレクサンドロス大王は、その教育の成果をどう表わしたと思いますか?

単刀直入に訊きます。アレクサンドリアという都市の名、聞いたことがありますか?

黒木　アレクサンドリアといえば、今のカイロにありますね。あれですか?

澤口　あの町、地震か地滑りで、大半は海に沈んだって聞いています。今でもあるのですか?

宮元　考古学の話は私は詳しくはないのですが、大半は海に沈んだ、その海底の発掘が、考古学者たちによって今も行われていることは知っています。

この話、私は大いに関心があることなのですが、それを延々と喋っていては授業の進行に支障を来しかねませんので、端折って話をすることにします。

アレクサンドロス大王の遠征、これは後の共和国時代、帝政時代と通じてローマ軍の基本となるのですが、その戦略の基本は、兵站、ロジスティークにあります。これは要所要所に軍事拠点を置くということです。戦争に必要な物資を確保し、連絡網の拠点とし、万が一局地的な戦闘に敗れても持ちこたえるところ、といったところでしょうか。アレクサンドロス大王は、想像を絶する大遠征を可能にするために兵站に力を置きました。この考えは後の共和国時代、帝政時代を通じてローマ軍の強さの元となったものです。

で、その兵站の中でも特に重要となる拠点、これがアレクサンドリアと称する一大都市となったのですね。

という訳で、アレクサンドリアという都市はあちこちにありましたが、その最も重要なものが、カイロの北、地中海に面するところにあるもので、かのクレオパトラを最後の帝王とするエジプトはプトレマイオス朝の都です。

エジプトのアレクサンドリアには、博物学者にして哲学者のアリストテレスの意を受け、各地の博物学的に重要視された文物、また、滅び行く一方のギリシア、特にアテネを代表する哲学者、つまりプラトンやアリストテレスの著作（正確には弟子たちによる講義ノートの清書）の写本が、堅牢な図書館に保管されました。

プトレマイオス朝が滅亡し、その後どのような経緯があったのか知る由もありませんが、西暦紀元後七世紀初めに、アラビア半島でイスラム教が興り、みるみる勢力を拡大し、勿論旧アレクサンドリアも手中に収めました。

やはり急速な上り坂にある勢力、特に宗教勢力は、みずからの権威を外からも認めさせるため、各地の文物、思想を自身に反するものでない限り、わがものとしようと大いに努めました。

で、これは歴史学者ではない私の推測、臆測に過ぎないかも知れないことは重々承知の上で言うのですが、アラビアで興ったイスラム教がまず手中に収めたのは地中海沿岸東部ですね。

ここは、エジプト文明、ギリシア文明が栄えたところで、ムスリムも、かなりの敬意を持ったものと思われます。異教徒の偶像崇拝は許さないとして、徹底的に破壊したものと思われますが。

で、カイロ北方のアレクサンドリアの図書館で、プラトン全集やアリストテレス全集を無疵の形で発見したのですね。これもまた私の臆測ですが、プラトンもアリストテレスもまだあまり完成していなかったイスラム神学の基礎になると、珍重されたものと思われます。

そこでムスリムの優秀な神学者たちは、プラトンとアリストテレスの哲学の研究に打ち込むようになりました。どちらかというと、アリストテレスは高度な論理学を構築し、また種と類による分類学によるヒエラルキー論、カテゴリー論と、理性に訴えるものでした。理性に訴えるものは、感性に訴えるものよりも遥かに説得性を持ちますので、イスラム神学の構築に情熱を傾ける人々の関心を強く引きました。

ムスリムがイベリア半島を支配し、その首都が今のアンダルシーア地方のコルドバにあったとき、アリストテレス論理学者として唯一絶対の神の存在論証に成功したとされるイブン・ルッシド、ラテン語名でアヴェロエスとして、中世キリスト教神学、つまりスコラ哲学の開祖とされたのですね。ちなみに、後にあまり影響を及ぼしたとは思えないのですが、プラトン哲学をイスラム神学としたイブン・セーナーは、ラテン語で「アヴィセンナ」としてアヴェロエスに次ぐスコラ哲学の第二の人物と見做されたのですね。

さて、これから、西洋キリスト教神学上の、深刻な論争の話に入っていきたいと思います。

＊

宮元　随分と引き延ばして来た感もありますが、本題に入ります。

アヴェロエスの、アリストテレスの論理学、中でも種と類による万物のヒエラルキー論ですが、神はそのヒエラルキーの頂点を、それ以上の上位概念が無い「普遍」とし、これこそが万物の頂点に君臨する神だとしました。後にトマス・アクィナスの「神学大全」は、その完成形で、後のカトリック系キリスト教では絶対の真理とされました。

ところがその流れに異を唱える一派が現れたのですね。それが根本的には、神とはことばに他ならないとする、特に新約聖書「ヨハネによる福音書」のことばです。

改めて確認したいのですが、実在論とは、ことばとそれが指し示すものごととは別物であるとする考えで、唯名論とはことばとものごととは一つものなのだとする考えです。

ですから、唯名論と実在論は本当はまったく土俵が違うのですから、論争の共通の地盤がないのです。ゆえに議論がかみ合うことはなく、延々と水掛け論が続くことになります。論争は成り立たないのです。しかし神学論争となりますと、最終的には相手を抹殺、排除することで決着をつけようとする方向に傾きます。

結局、この中世キリスト教神学での論争は、多数派の実在論者が少数派の唯名論者たちを片端から処刑することで決着がつきました。恐ろしい話ですね。

後で、インドにおける実在論と唯名論とを少し詳しく検討する予定ですが、インドではイギリスが分割統治を強行するまで、見解の違いが切っ掛けで反対論者を抹殺することは、まったくと言って良いほどありませんでした。ヨーロッパでは考えられないことですが、インドでは、寺院の門の外で「神なんかいないぞ！」と大声で叫んでも、誰も手を出すことはありません。インドでは階級差別はきわめて厳格なのですが、見解の相違などいくらあっても、本人が心底そう考え、例えば、相手が大切にしている寺院を破壊するなどの暴力に訴えるのでないかぎり、何も問題はないと、そのように考えられて来たのです。宗教弾圧、思想弾圧は、これまた長い歴史の中で皆無に等しかったのです。

II　インドにおける唯名論の展開

1　違《たが》うことのない真実語としてのブラフマン、マントラ、サッティヤ

宮元　さて、長らくお待たせしました。まずはインドの唯名論哲学から始めることにします。
　皆さんは一応ヴェーダ聖典というものを御存知ですか？

黒木・澤口　はい、一応。

宮元　ヴェーダ聖典と一口に言いましても、時代を追いながら、性格の異なる幾層もの厖大な文献群が登場しまして、それらの総称をヴェーダ聖典というのです。

　今知られる形で最古のヴェーダ聖典は、岩波文庫にもその抄訳が収められている『リグ・ヴェーダ』ですが、その原型はどれほど遅く見積もっても、西暦紀元前十二世紀は下らない頃に編纂されたものと思われます。

　この『リグ・ヴェーダ』もそうですが、後に編纂された膨大なヴェーダ聖典群は近代に西洋のインド学者たちの手によって文字化されましたが、それまでは徹底的に口伝《くでん》の文献だったのです。口伝というのは、口で語られたものを暗誦し、それを口にしてまた後継者が暗誦して、ということを延々と続けて伝えられた文献だということです。

　ある程度まとまった文献といえば、古くはエジプトの象形文字のヒエログリフ、ヒッタイトの楔形文字の『ギルガメッシュ神話』などがありますが、皆口伝ではなく、文伝《もんでん》、文字によっ

て伝えられたものですね。

　ではお訊きしますが、暗誦によって伝えられる文献と、文字によって伝えられる文献とで、どちらの方が長く正確に伝えられると思いますか？

黒木　記憶はあやふやなものですから、きちんと文字にしたものの方が長続きするのではないでしょうか？

澤口　私、講義ノートを取るのは、他の人たちに比べて割と上手だと自分では思っています。聞いた話はそのままでは忘れてしまいますから、大切な話はなるべくすぐにノートを取ります。

宮元　大概の人はそう考えるでしょうね。ところが、インド人はまったく違うのですね。

　例えば、『リグ・ヴェーダ』からさして時を置かずに成立したある厖大な聖典があり、これも十九世紀に、西洋の文献学者によって文字化されたのですが、地域によって口伝に違いがあるかもしれないとする大々的な調査研究が、ほんの二十年ほど前に行われました。でも異本発見が期待されたにも拘わらず、成果はほとんどゼロ。口伝の威力をまざまざと追体験したことに終わりました。言って置きますが、その大々的な研究がまったく無駄だったなどと言うつもりはありませんので、誤解なきよう。口伝の威力をまざまざと知らされる、とても貴重な研究だったということです。その研究費は決して無駄ではなかったと、私は力説したいのです。

　それから、私がインドで体験した、インドが如何に私たちの想像を絶する記憶力大国であるかの事例、数限りなくあるのですが、その内一つだけをここで紹介することにします。

私が初めてインドの地を踏んだ時のことですが、長距離を移動する際の中継地で時間が出来、そこにかなり興味深い中世のヒンドゥー教寺院の遺跡がありました。それもえらく保存状態がよく、宿泊施設のすぐそばだったため、ぶらぶらと見物していました。

日本の夏休みを利用しての旅でしたが、北インドでは雨季の真っ最中、寺院を散策している途中で猛烈なスコールに襲われました。大粒の激しい雨で、下からの跳ね返りであっという間に下半身がびしょぬれになります。雨具はまったく役立たずで、幸い、その寺院には長い庇があったので、一時間ほど雨宿りを決め込みました。

で、暇なものですから、途中の町で手に入れた小学校四年生用のヒンディー語の教科書を読み始めました。当時私は、ヒンディー語の学習の途上で、辞書も無しに読むには四年生以下では易し過ぎ、それ以上では難しいと、まあ、ちょうど適当かなといったところでした。

日本では夏休みですが、インドでは雨季は気温が適当なので、学校は休みではありません。ただその日は日曜日、寺院の広い庭でクリケット遊びに興じていた子供たちも、雨宿りで私のすぐそばに集まりました。

で、私がそのヒンディー語の教科書を読んでいましたら、小学九年生、日本でいう中学三年生だという男の子が、それ自分が習った教科書だ、僕、それ全部暗誦できるよと話しかけて来ました。

はい？　と思って、ではどうかなと、その教科書の適当なページを開いて、適当な箇所を、下手な発音でしたがほんの半行ほど読むと、何とその後、その子は一字一句間違えることなく、すらすらと暗誦したのですよ。それを何回も繰り返しましたが、一字一句まったく間違えないのです。

日本でこんな生徒、いると思いますか？　いたら大騒ぎでしょうね。でも中学三年生が、小学四年の国語の教科書をすべて暗誦しているのです。ということは、これまで幼いころから学んできたすべての教科書のすべてをすらすらと暗誦出来るということになりますね。

私は感嘆し、凄い、凄いと言いましたが、その子、涼しい顔をして、みんなが出来るとは限らないけど、ちっとも珍しいことではないですよと、さらっと答えましたね。

私は、何回も、長期、中期、短期にインドに行き、目標とする先生から個人レッスンを受けましたが、その先生方は、皆仰いましたね。記憶は間違えないけれども、書けば必ず間違える、とね。

で、実際私が受けた個人レッスン、質問攻めでして、ノートを取る暇などあったものではなかったですね。ノート、メモは、日本語で「備忘録」、忘れるのを前提とするものでして、インドの授業は先生のことばをその場ですべて頭に叩き込むことが要求されるのです。で、これを体験してみてえらく納得しましたが、そうした緊張感のある授業では、ノートは必要ないのです。そうした授業でのやり取りを私は今でもほぼ完璧に憶えていますからね。

まぁ私は小学校に入学してから、およそまともにノートを取ったことがないと、このことも大きかったかも知れませんけどね。うーん、ノートを取るときは、先生の話に集中できていないと、そうした問題だと改めて思いますが、皆さんはどうでしょうか？

澤口　私、自分はノートを取るのが自分でも上手かもと言いましたが、これはどうなのでしょうか？

宮元　それが役立っているのでしたら、それで構わないとは思います。で、十二年前の集中講義でも、今回の授業でも、澤口さん、ノートとかメモとか取りましたか？　授業の後、ノートを取ったかも知れませんが、授業中にそうしたと私には記憶がありませんが、どうですか？

澤口　はい、考えてみれば、あの十二年前の授業の時も、今もノートは取っていませんね。だってノートを取る暇がそもそもないですから。

宮元　それで何か問題があったとかあるとか、思いますか？

澤口　いいえ、今ではノートを取る暇がないような授業の方が、そうでない授業よりも、よっぽど自分の頭を使って、却って、自分の身になるような気がします。

宮元　黒木さんはどうですか？

黒木　僕ももともとノートを取るのが下手でしたが、そうか、ノートを取らなくても、結構勉強になるかなって、今は思います。思ってもみなかったことですが、何だか面白いですね。

＊

宮元　とやかくやで、インドでは西洋哲学の祖とされるタレスよりも古い文献が、口伝により、散逸、混乱することなく、完全な形で今にも伝えられているのです。

皆さん、御存知でしょうか？　仏教の古い写本が見つかる度に、それまで知られていた仏典とは文言が相当に違うとか、中身が詳しいとか、中身がばっさり省略されているとか、これは異本と言うべきかもしれないとか、大いに議論が湧きますが、そのような話、何かの本で読んだことはないでしょうか？

澤口　私、以前、『法華経』の入門書みたいなものを呼んだことがありますけど、発見されている写本の数がとても多くて、しかも文言の出入りがたくさんあって、どれを底本にして校訂本を編纂したらよいのか非常に困難だ、と。同じ聖典といっても、仏教の場合、時代とともにかなり文献が変化するみたいですね。

宮元　『法華経』は、初期大乗仏教を代表する、とても有名で後世への影響力の大きい経典ですね。写本が発見されるたびに大騒ぎになると、そうした仏教写本の圧倒的多数は、大乗仏典なのですね。

初期仏教の流れの上にある部派仏教、現在行われているのは、上座部仏教だけですが、あ、それ、スリランカ、ミャンマー（ビルマ）、タイ、ラオス、カンボジアで行われている仏教ですが、各地方で伝える仏典の文言が大きく異なることはありません。時々、似ているけれども違う単語に置き換わっているということはありますが、全体に大きな違いは見当たりません。

この違いは何でしょうか？

もうお分かりですね、上座部仏教の仏典は口伝によるもので、大乗仏教の仏典は文伝、つまり文字によって伝えられたものだと、この違いです。

大乗仏教の担い手はまずは在家の人々で、後に学問僧が中心的な担い手となりましたが、在家の人々が厖大な量に上る経典を暗誦することが出来ると思いますか？

黒木 あ、そういうことですか。大量の経典を暗誦しようとすれば、専門の学校みたいなものがあって、先生たちがいて、毎日毎日、そのために多大な時間を割く必要がありますけど、在家の人はそれぞれ家業に追われますので、そのような暇はまったくありませんね。

でも、上座仏教の場合は、出家のお坊さんたちが、四六時中共同生活をしながら、修行や経典の暗誦に没頭していますからね。

宮元 そうです。例えば法要の場を思い起こして下さい。日本仏教は大乗仏教の流れを汲んでいますから、お坊さんは、お経が書かれた本を恭しく戴いて、それを読み上げますね。幾つものの宗派では、『般若波羅蜜多心経』（略して「般若心経」）がよく読み上げられますが、あのお経、少しゆっくり目に読んでも五分とかかりません。お坊さんたちは、実はそのように短いお経は、子供の頃から完全に暗記しているのですね。でもそれが書かれた本を、実に恭しく扱いますね。

　これに対して上座部仏教ですが、皆さんも色々な映像で御存知だと思いますが、読経の際、お坊さんたちは本を読み上げませんね。何も見ないでひたすら長い経典を読み上げ続けるのですね。

*

宮元　さて、ここまで分かればあとは簡単な話になります。

　さらに、最も初歩的な問題ですが、サンガ（僧伽《そうぎゃ》、僧）という出家の集団が、仏教教団の中核を成しますね。部派仏教になっても同じことです。

　ところで、出家と肩を並べる、在家の、修行生活を常に共にする強固な集団、教団というものがあり得たでしょうか？

　お分かりですよね。仏教の教団に属する学問僧が、大乗仏教を宣揚する活動をいくらしたとしても、その学問僧は教団としては部派仏教教団に属し、古来の具足戒を受けて出家となった人たちでしかありません。具足戒とは、比丘ならば二百五十戒、比丘尼ならば三百四十八戒を守ることを誓って、出家集団の生活を踏み外すことがなかったのです。

例えば、一九六〇年代から約二十数間、私もその渦中にいたのでよく憶えていますが、ハイデガーや特にサルトルの実存主義哲学が一世を風靡しましたね。これは、狭い意味での哲学研究者だけでなく、当時盛んだった左翼急進主義活動家たちに、私の感じでは圧倒的ともいえる程、波及していました。

ただ言っておきますが、それでも「実存主義教団」なるものは形成されませんでしたね。学者のなかでは、実存主義学会なるものが一時力を持ちましたが、それは「教団」といえるものではまったくありませんでした。

初期大乗仏教は別として、中期大乗仏教は出家の学問僧が主要な担い手となりましたが、その実存哲学学会のような形で、大乗仏教は喧伝され続けて行ったと見て良いのではないでしょうか?

そうした事情に無知だったとしか言いようがありませんが、無視出来ない程の数の仏教学者たちは、大乗仏教教団は、いかなる考古学証拠をもってしても確認できない、ゆえにインド大乗仏教は実在しなかった、あるいはせいぜいフィクションとしてのみ存在したのだと、ヨーロッパの無知な仏教学者の呆れるほど粗雑な著作だけを根拠に、とんでもない悪質なデマ情報を流しまくって今日に至っています。

口伝、文伝、集団生活の可、不可、出家と在家の区別、これを丁寧に考察することなしに、大乗仏教は実体がなかったと、センセーションを興し続けたことは、学者としての根本的な資質を欠く、前代未聞のこのジャンルの学問の大汚点を残したと、私はいくら力説してもし足りない思いでいます。

大乗仏教が教団としてはっきりと確立されたのは、チベットにおいてでした。七世紀にチベットは統一王国として自立しましたが、その建国理念に、仏教、特に大乗仏教が採用されたのです。建国理念として採用されたということは、大乗仏教の救済主義思想が、国王の慈悲による民集統合の理想にきわめてよく合致したということですね。

ほぼ同じ頃、日本でも仏教が受容されましたね。憶えていますか？

澤口　あ、百済の王様からですよね。確か五三八年でしたか、「放っとけ（仏）放っとけ芥屋《ごみや》（五三八）さん」と、語呂合わせで憶えています。今は芥屋さんという人はいないみたいですけど。

宮元　はい、その後、仏教をグローバル・スタンダードとして積極的に受け入れようとする崇仏派と、外来の宗教を崇拝するのはわが国の根幹となる神祇をないがしろにすることだとする人々とが対立し、果ては戦でということになりましたね。この話は重要なのですが、今回の授業の本筋からは離れかねませんのでここで止めて置きます。

＊

宮元　さて、話を本題に戻しましょう。

ヴェーダ聖典の文言は「ブラフマン」と呼ばれます。片仮名表記は面倒なので、ローマ字表記で説明しますね。

このbrahmanですが、これは、「膨張する」を意味する動詞語根brh-から派生した名詞で、「膨張して世界の森羅万象を創る力を有することば」を意味します。どのようなインド思想史の本を繙きましても、この世、この宇宙の根本原理はブラフマン、音を写した漢訳語で「梵」だと書かれていますね。ここで注意すべきなのは、ブラフマンは、何らかの物質ではなく、ことばだということです。

言葉が世界を創るというのは何か突拍子もない話かといえば、そのようなことはまったくありません。先程、キリスト教の聖書の文言を示しましたが、ことばが世界を創る力を持つというのは、別に珍しい発想ではないのですね。

＊

宮元　また、ヴェーダ聖典の文言は、別にmantraとも呼ばれます。これは「考える」を意味する動詞語根man-に、「場所」、「拠り所」、「根拠」を意味する接尾辞-traが付いたもので、「考える拠り所」を意味し、「呪《しゅ》」とか「真言《しんごん》」とかと漢訳されています。

世界はヴェーダ聖典の文言が創ったものですから、この世界がどのようなものであるかを真剣に考えようとするならば、ヴェーダ聖典の文言を精査すればよいわけです。ヴェーダ聖典の文言に拠らずに成立した文物など、この世にはあり得ないとされるからです。世界の森羅万象を、五官と身体を用いて精査しようとすれば、あっという間に肉体的な限界に至ります。歩き回り、見回り、聴き回りなどの努力は疲弊するだけです。そのような労力を費やさずとも、ヴェーダ聖典を熟知すれば、それで世界のすべてが理解出来ると、そういうことです。

「呪」とか「真言」と聞くと、密教の呪文、まじないのことかと思われるでしょうが、それで正解なのですよ。先にも訊きましたよね。皆さんも軽い気持ちからだとはいっても、まじないをしたことがあるようですね。

では、また改めて訊きますが、なぜまじないをするのでしょうか?

黒木　そうなって欲しいなと思うからです。

澤口　そうですね。まじないを唱えると、そのまじないのことば通りの、自分としては望ましい状況が出現するはずだと、大体そのようなところです。

宮元　はい、ヴェーダ聖典を奉ずる人々ではない私たちも、日常的に、ことばがそのことば通りの事態を作り出す驚異的と言いますか、不可思議な威力を持っているという、ことばには世界の森羅万象を創る力があるとする、極めてピュアな唯名論の、少なくともかけらぐらいは持っているということですね。皆さん、そのことを自覚したことがありますか?

黒木　えーと、そのような大それた考えはないと思いますが、言われてみますと案外唯名論的な感覚を自分も持っているのだなと思います。

＊

宮元　さて、ヴェーダ聖典のことばは、「サッティヤ」（satya）とも称されます。この語は、「有る」を意味する動詞語根 as-（英語ならば be）の現在分詞 sat（英語ならば being）の形容詞形で、「有ることを特質とする」を意味し、また、同じ形の中性名詞としては、ヴェーダ聖典のことばを指すのです。

もう少し実質的な意味を込めて和訳しますと、形容詞としては「決して違うことがない」を、名詞としては「違うことの無い驚異的な実現力を有することば」となります。

最古のウパニシャッド文献には、サッティヤカーマ（Satyākama）という名の男性が登場します。これは、おそらく綽名だと思われるのですが、「願い事がすべて叶う人」を意味します。その名の通り、長じてからやることなすこと、すべて願い通りになるという痛快な人生を送ったとの話が伝わっているのです。

この「サッティヤ」の概念は、まことに幅広く、底深く、インド思想史を支配してきました。その全貌を今回の授業だけで隈なく見渡すことなど不可能です。

大乗仏教の目玉は何といっても菩薩の行なのですが、これについては後で詳しく見ることにしまして、一応すぐ後でチェックするウッダーラカ・アールニの哲学以外に、唯名論に立つ一元論学派の象徴的なことばだけをここで紹介します。

＊

宮元　西暦紀元後五世紀半ばに文法学派に属しながら、一元論学派にも属し、今もインドで愛読されている一連の教訓詩を残したバルトリハルという人物がいます。その主著『ヴァーキヤパディーヤ』(「文章及び単語に関して」)では、「ことばはブラフマンである」との、いわゆる「語ブラフマン論」を主張したことで有名です。

で、皆さん、このことば、インド哲学研究者の間では、私たちの常識を遥かに超えた形而上学の命題だとされ、難解極まりないとして、まこと難解極まりない研究論文、著作がそれなりの量、刊行されてきました。こうした論文、皆さんはおろか、私ですら脳漿を絞っても分からない代物なのですね。

で、皆さん、先程「ブラフマン」の語源の説明をしましたね。では改めて「ブラフマン」とは何のことでしたでしょうか?

澤口　そのことば通りに世界の森羅万象を創る力があることば、つまり、ヴェーダ聖典のことば、ですね？

宮元　ヴェーダ聖典のことば、まさにその通りです。

で、バルトリハリは、西暦紀元前四世紀に確立された、極めて厳密なサンスクリット語の文法学の専門家、文法学派の一員でした。そのサンスクリット語というのは、自然言語であるがゆえに揺れ動くヴェーダ語を不動のものとして整理整頓された言語でして、「よく整理された言語」というほどの意味です。直訳では、「造られた言語」なのですが、これではかつての人造言語、エスペラント語みたいなものと間違えられても困りますので、誤解がない訳語で通すことにしています。

世界のほとんどすべての言語は、自然言語です。地域の違い、時代の違いによって、変化して已みませんね。日本語などはかなり風変わりで、万葉集や古事記など、今の私たちでも耳に聞いて、おおよそはわかりますね。古代、中世、近世の古典作品が、まるっきり理解出来ないということはないですね。

ところが、例えば英語ですが、古代どころか、中世の英語ですら、その方面の研究者でもなければとても読めません。中世ドイツ語や中世フランス語もそうです。そもそも、どのあたりからフランス語と言って良いのかも分からないほどです。

さて、ヴェーダ聖典ですが、インド哲学思想の源流をなす人々の間では、そのことばは永遠にして普遍であり、矛盾もなく、無駄もないとされていました。ところがヴェーダ語は、自然言語でしたので、文法が時代とともに変化したり、複雑すぎる体系のため、不規則な形が次々と現れ、このままでは崩れてしまうと、そうした人々は大いに心配したのですね。

そこで、数千年前には意味を持っていたかもしれないけれど、今になっては何のためだか意味が分からない文法要素をばっさり削ったりしたのですね。放っておけば、見通しまるでなしの藪に成り果てかねない文法体系を、きれいに剪定したのですね。

ゆえにサンスクリット語の本体はヴェーダ語ですから、サンスクリット語もそのことばに違うことのない世界の森羅万象を創る力があると、そう考えられて当然といえば当然なのでして、バルトリハリは、それを簡潔かつ平明に、語はブラフマンであると述べたに過ぎないのですよ。

＊

宮元　あ、それから、バルトリハリの研究者たちに遠慮して、というのも、私は狭い意味での専門分野はサンスクリット語の伝統文法学ではありませんでしたので、長らく遠慮していたのですよ。でも、バルトリハリ研究者がちっとも明快に説明しないままで今にいたりますので、ならばもう遠慮することもないかと。
バルトリハリの命題で有名なのは、「語はブラフマンである」以外に、「すべての語は、力か、さもなくば、力を有するものである」というのがありまして。これもバルトリハリ研究者が、後生大事にする割には何も明快に説明しないのですが、これも手品でも何でもなく、もしも手品だとすれば、また同じく始めからネタバレも良い所なのですよ。「ブラフマン」の語源、先程紹介しましたが、「膨脹して世界の森羅万象を創る力を有することば」というように、ことばには万物を創る「力」があると、これはインドの唯名論的発想の原点なのでしてね。「白い牛が歩く」という事態も、「白い」という語は白さを、「牛」という語は牛を、「歩く」という語は「歩行」を作り出す力を有すると、そうした発想からは当然の結論になるのですね。

で、バルトリハリはもう少し考えたのですね。では、「力」という語、サンスクリット語にはいろいろ有りますが、それはまさか「力を創る力を有する語」ではないでしょうね。なぜなら「(創る)力」と言ってしまいますと、その語もまた、同じようになると。すると、「力」という語は、力を創る力、そのまた力を創る力、そのまた力を創る力……を有する語だとなりますから、切りがありませんね。これは、西洋論理学でもお馴染みの、無限後退という論理的過失になりますね。

ですから、「力」という語は、それだけで力だと。つまり、白いとか牛とか歩くとかは創る力を有する語ですが、力はそのまま力であると、はい、これが初めからバレバレになっているネタですが、こんなもの、普通ネタとは言いませんよね。

＊

宮元　という話でしたが、この、無限後退の論理的過失というのは、かなり広い範囲で問題になりますので、ちょっと一言。

皆さんは、一応インド思想史だけでなく、西洋哲学史のイロハは学んでおいでですね。ならば分かると思うのですが、哲学体系の構築を目指す論者たちは、無限後退の過失を避けようと細心の注意を払ってきました。が、ともかく体系を破壊すれば良いとしか考えない懐疑議論者たちは、まるで重箱の隅を突くような穿鑿を重ね、無限後退の尻尾でも摑めばこれ幸いと、それをネタに罵倒しまくると、こうした論争、御存知ですよね。

黒木　はい。僕はそれほど詳しくはないのですが、何となく分かる気がします。

澤口　あのー、私、全部読んだわけではないのですが、ドイツにカントが出るちょっと前、イギリスに、デイヴィッド・ヒュームという人物がいて、なんと言いますか、疑わしきは罰せずの正反対で、疑わしきは罰す、に徹底したらしいですね。ある程度その人の本を読んだのですが、確かに因果関係は人間の慣習によるただの妄想だという説には反感は憶えましたが、かといってどう反論したら良いのか、今でもよく分からないのです。毒も薬だと言われますが、私はあの人の言うこと、何か毒ばかりに思えるのですが。

宮元　それはまた大変でしたね。でも、かなり貴重な体験をされたのではないでしょうか。

＊

宮元　以上、バルトリハリの哲学の根本は、驚くほど完結明瞭に、唯名論の哲学的基礎を飾り気なしに示したものだったのですね。あっけなくて申し訳ないですね。これで、かの「深遠な形而上学者バルトリハリ」神話から、あるいは呪縛から永遠におさらばできるという寸法です。ご清聴、有難うございました。

と、少し話が空中戦か地上戦か地下戦か、目まぐるしいことになったかも知れませんね。頭も疲れたのではありませんか。ちょっと休憩しましょう。

ブラウニーと塩豆大福がありますが、そうですね、豆大福を先に食べた方が良いかも知れませんね。そこに水出しのほうじ茶がありますから、ご自由にどうぞ。

2　ウッダーラカ・アールニの「有の哲学」

宮元　それでは、授業を再開します。

いよいよ唯名論哲学の最古にして最良の精華ともいうべき、ウッダーラカ・アールニの「有の哲学」を検討することにしましょう。その大半は、私の『インド最古の二大哲人——ウッダーラカ・アールニとヤージュニャヴァルキヤの哲学』（春秋社、二〇一一年）を読みながら説明することにします。幸い、私には手元に三部ありますので、皆さん、それを見て下さい。まず、十一ページ目から始めます。冒頭の部分ではないのですが、敢えてその部分は後で読むことにします。

有の哲学を展開するのはウッダーラカ・アールニ、説く相手は、その子、シュヴェータケートゥです。

では、読みますね。

> 愛児《まなご》よ、太初、この世には有《う》のみがあった。それは、唯一で、第二のものは無かった。ところが、ある人々は、太初、この世には無のみがあった。それは、唯一で、第二のものは無かったと言う。しかし、愛児よ、どうしてその様なことがあり得ようか。どうして無から有が生じ得るであろうか。まったくそうではなく、愛児よ、太初、この世には有のみがあった。それは、唯一で、第二のものはなかった。

「有」と訳したサンスクリット語は sat で、これは、「有る」を意味する動詞語根 as- の現在分詞形で、英語ならば being に相当します。「現に有るもの」ですが、簡略さを考慮して「有」

で通すことにします。

実は、今の議論には前史として神話があり、そこではこの世の根源はブラフマンであり、また、神格化した言い方ではプラジャーパティ（生類の主）とされますが、ここでは、人類最初の哲学として生々しい神話色を排して、中性名詞の「有」だとされます。

これは世界の根源ですので、英語にすれば大文字で始まるBeingであり、また元はブラフマン、つまり世界の森羅万象を創る力を有することばですので、これも英語ならば大文字で始まるWordと表記することとします。

また、これは森羅万象の元となる要素、つまり元素ですので、後から出て来る元素に対しては大元素で、英語ならば大文字で始まるElementと表記することにします。

ここまでで何か質問ありますか？

黒木　後から出て来る元素とは、どのようなものなのでしょうか？

宮元　あ、今の文章のすぐ後に説かれているのですが、良いでしょう。ざっと説明しますね。

この大元素から熱の元素が、その熱の元素から水の元素が、その水の元素から食物の元素が生じまして、次にこの三つの元素が混ざり合った状態から森羅万象が生ずると、そういったことです。森羅万象が多様なのは、この三つの元素の比率の違いによるというわけです。つまり一元からなぜ多様な世界が流出したのかが、これで説明出来ると考えたのですね。

黒木　はあ、ということは、これってビッグバン宇宙論に良く似ていますね。何かが大爆発した直後に幾つかの素粒子が生じ、その後、水素、ヘリウムの順で、次々と元素が生じていったと。宇宙の多様性は森羅万象を成り立たせる一々の元素構成の違いとして説明出来ますね。そう考えて良いでしょうか？

宮元　イメージとしては大いに宜しいのではないかと思いますが、一応留意しておかなければならないのは、ウッダーラカ・アールニが想定する世界は、ことばで出来ているということです。

そこで、お訊きしますが、それによれば皿と鉢の違いは何だと思いますか？

黒木　形の違いでしょうか？

宮元　はい、それはそれで間違いではありませんが、そもそも、皿も鉢もその実質は何なのでしょうね？

澤口　分かったような気がします。どちらもことばなのですから、ことばが違う、といいますか、「サラ」と「ハチ」では、音が違いますね。つまり、綴りが違うというのが根本で、それが私たちの知覚におきましては、形の違いとして捉えられる、と。私の生活感覚とはまったく違いますが、唯名論の理屈からすればそうだと、これでどうなのでしょうか？

宮元　御明察。これから説明しようと思っていたことの大筋は、まさにそうなのですよ。ですので、森羅万象は「名称と形態」と呼ばれます。初期の仏教は唯名論ではなく、実在論なのですが、換骨奪胎でこの言い方を継承しました。漢訳では「名色《みょうしき》」とされます。十二因縁では、

「無明、行、識、名色、六入、触、受、愛、取、有、生、老死」の四番目にこれがありますね。「認識の対象」位の意味ですね。

あ、それから、『ミリンダ王の問い』に見られますように、有力な部派である説一切有部は、名は心、色は身体、と解釈するようになります。ただ、今はこの話は深入りしないことにします。

それから、澤口さんが、「ことばの違い」とか「綴りの違い」と仰いましたが、ウッダーラカ・アールニは、これを「音節が異なる」と言います。サンスクリット語では vikāra、「音節kāra」が「異なる vi-」というわけです。これまで、この語は「変異」と和訳するのが普通でしたが、これからは「綴りの違い」→「綴りの違う事象」、「発音の違い」→「発音の違う事象」と訳した方が、はるかに分かり易いのではと思いますね。今、皆さんの手元にある私の訳著書でも「変異」としていますが、訂正することにします。

＊

宮元　それでは、テクスト、今しがたの部分のすぐ後の所を読んでみます。

その有は思った。『われ、多とならん、繁殖せん』と。そこで、熱を創り出した。

その熱は思った。『われ、多とならん、繁殖せん』と。そこで水を創り出した。それゆえ、いつも、人が悲嘆して涙を流したり、汗をかくときには、ほかならぬ熱から水が生ずるのである。

その水は思った。『われ、多とならん、繁殖せん』と。そこで、食物を創り出した。それゆえ、いつも、雨が降り、食物が大いに増殖するときには、ほかならぬ水から食物がしょうずるのである。

どうですか？　とても分かり易いと思いますが。涙が出るとき、胸は熱いですよね。また、気温が高かったり、運動して体が熱くなると汗が出ますね。熱から水がと、なかなか具体的な話ですね。雨が降らないと、私たちの食べ物である植物や、植物を食べる動物は繁殖出来ませんね。もっともな話ですね。

で、これは良いとしまして、大元素から三つの元素が順次に創り出されるのですが、何がきっかけになっているかと言いますと、それぞれが「思った」からなのですが、これがまた、ウッダーラカ・アールニ、用意周到なのですよ。

＊

宮元　まず、「思う」とは、品詞でいえば動詞ですね。

動詞は、他動詞と自動詞とに大別されますが、「思う」は、まず他動詞ではありませんね。他動詞、例えば、的を「射る」という場合、「射る」という他動詞は、目的語としての「的」がなければ始まりませんね。ところが、まだ目的語としての森羅万象は誕生していませんので、「何かを」というのは無理です。

では、「思う」は自動詞だということになりますね。

さて、「思う」以外の自動詞について、少し考えて見ましょう。

例えば、「歩く」はどうでしょうか？　歩くためには、空間や地面や、どこからどこまでとかの、歩く人にとっての外部要因が色々揃っていることが必要ですね。まだ森羅万象が現象する以前、どのように頑張っても、歩くという行為は不可能ですね。また、「挨拶する」も自動詞ですが、挨拶を交わす相手が無ければ成り立ちませんね。とやかくやで、「思う」以外の自動詞も、動く、動作を行う主体を取り巻く外的要素がなければ成り立ちませんね。

では、「思う」はどうでしょうか？　「歩く」などの動作は、自己完結することはあり得ませんが、「思う」は自己完結出来るのではないでしょうか？　「いいな」と思うのは思う主体の自由であって、いわゆる客観的な根拠をまったく必要としませんね。有のみがあったとき、その有には他者がいません、あるのは自身だけです。この自身が、ヴェーダの宗教で古くから重視されて来た「自己」ātman で、そのとき自己は自己の内に完結しているわけです。

という訳で、有から三つの元素が出現する際、その原動力となる創造力としては、「思う」以外では甚だ都合が悪いのですね。有のみがあったときには、第二のものはなかったのですから、自己完結的にことが進まないと、一元論哲学は始まらないのですね。

と、ここまで宜しいでしょうか？　今まで考えたことがないかも知れませんので、後でゆっくりと考えてみてください。

では、少し休憩としましょうか。十五分後に再開しますので、どうぞご自由に。

＊

宮元　では、授業を再開します。

テクストの続きを読むことにします。先程の所から、二行飛ばした所を読みますね。

「さて、最初の元素である有は思った。『では、われは、熱・水・食物の三つの元素の中に、生命力としての自己を伴って入り込み、名称と形態を流出せしめん』と。そして、『熱・水・食物の三つの元素を三つ巴にせん』と、最初の元素である有は、この三つの元素の中に、ほかならぬ生命力としての自己を伴って入り込み、名称と形態を流出せしめた。」

大体、イメージできるかとは思いますが、少しこの構想の背景となる古い世界創造神話に触れて置きます。それは概ね次のようなものです。

プラジャーパティ（生類の主、つまりはブラフマン）は、みずからが生んだ卵に入り込み、その中にある熱・水・食物の三つの元素を三つ巴にした後、みずからその卵の殻を破って流出し、森羅万象を現象せしめた、と。

つい最近までは「循環論的世界創造神話」と命名されて来ましたが、このことばでは何もイメージ出来ません。

私、これが何の現象であるのか、ありありと理解出来るようになったのですが、勿体ぶらないで言いましょう。これは蚕なのです。

私は小学校高学年の頃、蚕を飼育したことがあるのです。体長が一センチにも満たない黒っぽい幼虫を十匹購入しましてね、その頃私が住んでいた所は、田んぼと畑が多くて、かつては養蚕が盛んだったのです。その頃には養蚕農家はいなかったのですが、畑の隅なんかに、あちこち桑の木が植わっていましてね、毎日、朝早く、桑の葉を採って来ていました。

蚕の幼虫、いわゆる芋虫なのですが、大変な食欲で、みるみる大きくなり、体の色も真っ白に変わりました。何回か脱皮を繰り返すと、ある時箱の隅で糸を吐き出し、白い繭を作るのですね。この白い繭、まさに、白い卵に見えます。蚕の幼虫は、自分が創った繭に外から入り込むのではなく、自分の周りを糸で囲っていくのです。吐く糸の長さは一キロ半以上にも及ぶそうです。
それから長らく経った朝、繭が破られていて、蚕蛾が部屋中を飛び回っていましたね。

今の知識からすれば、自分が創った繭のなかで蛹になるのですが、そこで劇的、奇跡的な変態が起きるのですよ。白い芋虫を構成する細胞は、恐らくiPS細胞ぐらいまで一旦初期化し、それから羽で飛び回る蛾の成虫の体が出来上がって行くと。インド人ならずとも、昔の人々はこれを驚異的な出来事だと思ったはずで、これが自分が生んだ卵に入り込み、やがてその卵を破って森羅万象として現象するのだという神話の原型になったのだと、こう考えると、何もかもうまく説明出来るのです。一応、こうした説明をした人は他にいないと思いますよ。

もう何年も前から、授業で喋ったり、本に書いたりして来ましたが、誰もこれを取り上げませんね。ま、インド哲学の本を読む人は少ないですからね。

皆さんは、蚕を飼育したことがありますか？

黒木　ありません。そんな幼虫、どこで手に入れたらよいのか分かりませんし。

宮元　では、蚕の成長の様子、映像とかで見たことはありますか？

黒木　どこかで見たような気がしますが、はっきりとは憶えていません。今まで興味を憶えたことがありませんので。

宮元　澤口さんはどうですか？

澤口　私は写真で見たことはあります。以前、世界文化遺産でしたか、産業遺産でしたかに国際登録された富岡製糸場に家族で見学に行きまして、そのとき絹糸が採れるまでの写真が何枚もありましたので。

宮元　では、繭玉は見ましたか？

澤口　はい、一個百円ぐらいで売っていましたので、何個か買いました。家に置いてあります。

＊

宮元　ちなみに、自分が創った卵の中に籠っているプラジャーパティは「黄金の胎児」Hiranyagarbhaと呼ばれます。蚕の蛹を見て下さい、明るくて艶のある茶色、つまり黄金色をしています。どうですか？　何もかもうまく説明が付きますね。

蛹となって変態を遂げる昆虫は外にもたくさんいますが、卵のような白い繭に籠って、となると、蚕ぐらいでしょうね。また、蚕の糸は絹でして、昔から絹はきわめて高価なものとして取引されましたからね。奇跡に次ぐ奇跡、あの芋虫が、超高級な絹を作り、本人は羽を付けて空を飛び回るのですから、もうこれ以上言うことはありませんね。

あ、そうそう、澤口さんは繭玉を幾つか買ったそうですが、その内一つで良いですから、カッターで切って、中の蛹をご覧になると良いですよ。まさにこれが黄金の胎児かと、実感出来ること間違いないですから。

澤口　本当ですか？　家に帰ったらそうして見ます。

宮元　是非、どうぞ。百聞は一見に如かずと言いますからね。

＊

宮元　さて、テクストはこの後、色々な事象を眼で見たとき、赤く見えるものは熱の元素に由来するものであり、白く、あるいは透明に見えるものは水の元素に由来するものであり、黒く見えるものは食物の元素に由来するものであると述べます。

三元素が、さまざまな混合比率で事象にあることを説明しようとの意図によります。と、それとは別に、色の区別が俄かには出来ないものについても、三元素が混ざり合ったものであることにテクストは言及していきます。それは、私たち人間のどの部分がどの元素に由来するのかへの言及です。それを少し読んでみましょう。

「食べられた食物は三種に分けられる。その最も粗大な要素は糞となり、中間の要素は肉となり、最も微細な要素は思考器官（「意」、平たく言えば脳）となる。
飲まれた水は三種に分けられる。その最も粗大な要素は尿となり、中間の要素は血となり、最も微細な要素は気息（生命エネルギー）となる。

摂取された熱は三種に分けられる。その最も粗大な要素は骨となり、中間の要素は髄となり、最も微細な要素はことばとなる。
なぜなら、愛児よ、思考器官は食物より成り、気息は水より成り、ことばは熱より成るからである。」

これは、人が死ぬときの状態の変化にも対応したものとなっています。命が終わろうとするとき、人は意識を失い、次には息を引き取り、それから体が冷えていきます。どうですか、思考器官が働かなくなり、息が止まり、体が冷えて行くと、よく符合しますね。生まれるときには、熱↓水↓食物で、死ぬときはその逆に、食物の消滅↓水の消滅↓熱の消滅と、こうした事実も三つの元素説を支えるものだと私は考えます。経験的な事実を理屈にきれいに収める、インド人の古来の論理的思考が下支えになっているのだろうと、私はそうだと強く思います。

＊

宮元　さて、授業時間は無限にあるわけではありませんので、ウッダーラカ・アールニの、唯名論がよく見える「有の哲学」については、この辺りで終わりとしておきますが、すべてはことばの展開だということを、単刀直入に述べた文章を見ておくことにします。この文章は、今回読み進めて来たテクストのその前置きになっているところ、冒頭の部分です。それでは読みます。

「ウッダーラカ・アールニには、シュヴェータケートゥという名の息子がいた。父は言った。『シュヴェータケートゥよ、清浄の行に向かえ。愛児よ、わが一族で、しかるべき学識を身につけずに、婆羅門の一門であるかのように見なされる者はいないのだ』と。

シュヴェータケートゥは、十二歳でしかるべき師に仕え、二十四歳ですべてのヴェーダ聖典を学修・会得し、大いに自惚れ、学識を誇り、鼻高々となって帰って来た。父は言った。

『愛児シュヴェータケートゥよ、今、汝が大いに自惚れ、学識を誇り、鼻高々であるように見えるが、では、汝は、未だ聞かれなかったものが聞かれたものとなり、未だ考えられなかったことが考えられたことになり、未だ知られなかったことが知られたものとなるような秘法を聞いたのであろうか？』

『父上様、その秘法とは如何なるものでありましょうか？』

『愛児よ、一つの土塊によって、土より成るすべてのものが知られたものとなり得るように、多様な森羅万象はことばより成るものであり、単なる名称でしかなく、あるのは土だけだと言うことのみが真実である。愛児よ、一つの銅製品によって、銅より成るすべてのものが知られたものとなり得るように、多様な森羅万象はことばより成るものであり、単なる名称でしかなく、あるのは銅だけだと言うことのみが真実である。愛児よ、一つの爪切りによって、すべての鉄より成るものが知られたものとなり得るように、多様な森羅万象はことばより成るものであり、単なる名称でしかなく、あるのは鉄だけと言うことのみが真実である。』

『まことに、私が師事したかの尊者たちは、そのことを知らなかったに違いありません。知っていたならば、どうして私に教えないことがありましたでしょうか？　それならば、父上様、その秘法を私にお教え下さい。』

『承知した、愛児よ』と、父は言った。」

如何でしょうか？

澤口　はい、いきなりこの話では無理だったかも知れませんが、その後の話の内容が分かりましたので、クリアできていると思います。

宮元　黒木さんはどうですか？

黒木　はい、よく分かりました。つまり結論が冒頭にあって、理由が後にあるということですね。面白いですね。

宮元　はい、そうなのですよ。インド哲学の論書は同じスタイルで説かれるのですね。まず結論がある、あるいは言いたい主張命題を冒頭にぼーんと置く。理由とそれを巡る議論は後に来ると、これは西洋哲学の論書ではまず見かけないスタイルです。

皆さんのご都合次第ですが、今回のような授業、あれこれ出来ればなと秘かに考えているのですが、そのうち、インド哲学者の論の立て方に慣れて来ると思いますよ。

Ⅲ　インドにおける実在論の展開

1　ヴァイシェーシカ哲学の徹底的な実在論

宮元　さて、インドの最古層の唯名論哲学をざっと見渡して来ましたが、皆さん、生活感覚というか、生命感覚というか、生まれてからいつの間にか身についている「常識」からしまして、唯名論、すんなり頭に入りましたか？　正直な感想を聞きたいのですが。

澤口　学生だったときには、考えたこともなかった考えですが、今回の授業で自分の生活感覚とは違うとはいいましても、理屈はそれなりに分かったような気がします。でも私にはかなり強烈な印象を受けました。本当に、唯名論感覚で日常生活をいつも送っている人っているのかなあと疑問です。いくら哲学者でも神学論者でも、日常生活で、今食べようとしているスパゲティも、ただの名称に過ぎないなんて意識するでしょうかしら。「今日のスパゲティ、何と言うの？」、「茄子とパプリカのペペロンチーノ仕立てだけど」、「はあ、そういうメニューなのか。色々具材が入っているけど、おいしいね」でしょ。ペペロンチーノが単なる名称だなんて、出されて食べる人も、そのようなこと、一々考えないですよね。恐らく。

黒木　澤口さん、唯名論の理屈は分からないでもないと言いながら、かなり気に入らないようですね。でも、僕でも日常生活の隅から隅まで、唯名論で押し通すって、ちょっと想像が付きませんね。やはり実在論が日常生活には合っているのではないでしょうか？

宮元　はい、私も皆さんと大して変わらない日常感覚でいますので。その日常感覚というのは、実在論です。くどいようですが、皆さん、唯名論と実在論の、根本的な違いは何でしたっけ？

澤口　はい、それはよく分かっているつもりです。ことばには、それが意味する対象がことばとは別にある、とするのが実在論で、両者は別物ではないとするのが唯名論と、確か、そうしたことでした、ですよね？　それで宜しいでしょうか？

宮元　ええ、申し分なく、その通りです。現在の私たちのような日本人だけでなくても、恐らく、哲学や神学からは遠い所で生活している世の中のほとんどの人は、実在論で生活していると思いますよ。

普通、まず「もの」や「こと」がありますよね。それについて、私たちはこれって何と言うのかしらと、そう考えますすね。「もの」や「こと」とは別に、その名称を考える、これがまあふつうでしょうね。

でもこれがまた厄介なのですよ。世界の哲学史や宗教思想史を調べますと、唯名論はかなり強烈な主張をしているように見えるのに対して、実在論を強烈に意識的に展開した人物とか、思潮とか、まずないというか、皆さんにしても目立ったものに直に触れたことは、あまりないのかも知れませんね。ま、無理もない話ですね。

＊

宮元　インド哲学史で実在論を取り上げようとすると、まず思い浮かぶのは、ヴェーダの宗教に基づく哲学思潮にそれを見出そうというものですが、ことは単純には行きません。

まず目指したいところは、西暦紀元前六世紀以降ですね。このころ、解脱を目指す出家がガンジス川中流域を中心とする、いわゆる中インドに多数出現しました。古い仏典では、こうした出家を総称して、「沙門婆羅門」と言います。「婆羅門」とは、ヴェーダの宗教の伝統に、それなりに根差した上で出家した人々だと考えられますが、「沙門」は、あのゴータマ・ブッダや、ジャイナ教の開祖、ヴァルダマーナを始めとする、ヴェーダの宗教の枠の外の出家たちを指します。ゴータマ・ブッダもヴァルダマーナも、出自階級は王族階級で、婆羅門ではありませんでした。出家の婆羅門たちが皆唯名論者だったかどうか、あまりにも資料が乏しいとはいえ、沙門たちは恐らく、ヴェーダの宗教思想からは相当に距離を置く実在論者だったのではと思います。私はゴータマ・ブッダは、まさにそのような人だったと確信しますが、ブッダが唯名論をガンガン批判しながら実在論を強烈に打ち出した訳でもありません。

そこでゴータマ・ブッダの実在論は後で検討するとして、インド哲学史上、ここまでやるかという程、強烈に実在論を展開した人々として、ヴァイシェーシカ学派をまず取り上げることにしたいと思います。ヴァイシェーシカ学派って、記憶にありますか？

澤口　あの集中講義で、先生がかなり熱心に取り上げておいでしたね。あれならかなり記憶にあります。

宮元　黒木さんはどうですか？

黒木　はい、大丈夫だと思いますが、一応基礎的なことを、ざっと説明していただければ有難いのですが。何しろ、ずっと前のことですので。

澤口　私もそうです。ちょっと話してもらえば、その話、恐らくかなり楽についていけるのではないかと思いますので。

宮元　はい、分かりました。ご希望に沿って、なるべく簡潔に説明することにいたしましょう。

＊

宮元　ヴァイシェーシカ学派と仏教の説一切有部とは、片やヴェーダの宗教（婆羅門教）系、片や仏教の有力な部派という大きな違いがあるとはいいましても、どちらも、ギリシア哲学、とりわけ、デモクリトスの原子論とアリストテレスのカテゴリー論をベースに据えています。特にヴァイシェーシカ学派の哲学では、それがきわめて明瞭に見て取れるのです。

なぜギリシア哲学の影響と言えるのか、その時代と地域の背景を、ざっと見渡せばこうなります。

外交、交易で、インド世界とギリシア世界とは古くから繋がりはあったのですが、決定的には西暦紀元前四世紀初頭の、アレクサンドロス大王のインド亜大陸侵攻です。

大王はマケドニア軍を率いて、ギリシア世界にとっての最大の脅威であったペルシア帝国を撃破した勢いのまま、主にアフガニスタンからハイバル峠を越え、インド亜大陸の西部を流れるインダス川を渡るまでに至りましたが、将兵たちにとっては大義名分もなく、ただ疲弊するばかりでしかなく、その不平不満が爆発しそうな程になったため、短期間で撤退しました。大王はバビロンで、恐らくマラリアではないかと思いますが、病に倒れ早世してしまいました。

インド側は辛うじて勝利した格好になりましたが、大戦争で財政は破綻し、内部からの離反が相次ぎ、長らく色々な王朝で北インドを支配してきたマガダ国は滅亡しました。

＊

宮元　さて、インド亜大陸が政治的に大きな混乱を来している隙を衝くように、マケドニア軍が東征の兵站基地とした、特にアレクサンドリアと名付けられた都市伝いに、ギリシア人たちが移り住み、中央アジアからアフガニスタンにかけてたくさんの都市国家を建設しました。その中で、アフガニスタンの北部、バクトリア地方に、強大なギリシア人の王国が興り、これまたハイバル峠を越え北西インドから、やがて西インド全域を支配するようになりました。
バクトリア王国は、その後、本拠地だったアフガニスタンの地を失いますが、西暦紀元前二世紀、メナンドロス大王はインダス川中流域に首都を建設しました。この地方は昔から今に至るまでインド亜大陸では最も肥沃な土地であったこと、また陸路、水路による世界的な東西交易の、またとない要衝であったため、空前の繁栄を誇りました。その頃のその地方の遺跡からは大量の金貨や銀貨が出土しておりまして、その量は長いインド亜大陸史でも断トツなのだそうですよ。
この辺りの歴史、高校の世界史の教科書でも割と詳しく書かれているのですが、憶えていますか？

澤口　はい。それに、私、塩野七生さんの『ギリシア人の物語Ⅲ　新しき力』（新潮社、二〇一七年）を割合最近読んだばかりですので、とても身近に感じます。

黒木　僕は塩野さんの『ローマ人の物語』シリーズ（新潮社）を読み進めているところですが、まだ半分も行っていません。『新しき力』もその内読んで見ようと考えているのですが、いつになるか分かりません。でも昔の世界史の教科書や歴史年表や、歴史地図をよく参照していますので、今の先生のお話、おおよそ頭に入っていると思います。

宮元　そうですか。それは心強いですね。ならばこのまま話を続けることにしましょう。
パーリ語仏典というものは御存知ですか？

黒木　はい。サンスクリット語ではありませんが、昔あったインドの言語で、初期仏教からの古い形を保った経典で用いられまして、スリランカや東南アジアの仏教はこれに拠るのでしたと、それで良いでしょうか？

宮元　大いに結構です。で、その中に『ミリンダ王の問い』という仏典があるのを御存知ですか？　私、インド思想史の授業だけでなく、演習でも取り上げましたし、あちこちに書いて来たのですが。

黒木　はい、とても有名です。ただ僕は、先生の本や他の色々な仏教書でよく見かけるなというだけで、翻訳を読んだことはありません。

澤口　私はあります。図書館で、ですが、平凡社の東洋文庫シリーズの翻訳の、初めの方は読んだことがあります。

宮元　それは中村先生と早島先生の共訳ですね。三巻ものですが、もう長い間刊行されているのは第一巻だけで、それも随分と高価ですね。昨年、私の新訳が刊行されました（『新訳　ミリンダ王の問い――ギリシア人国王とインド人仏教僧との対論』、花伝社）。是非ごらんあれ。

で、この文献は、バクトリア王国の全盛期を築いたメナンドロス王、インド風にはミリンダ王が、説一切有部の論客ナーガセーナと、数々のテーマで対論を交わした、その記録を基にして編纂されたものです。

＊

宮元　さて説一切有部の学説については後に回して、ヴァイシェーシカ哲学の話を先にしますので、ここでまた基本を押さえて置くことにします。

アレクサンドロス大王の青年期での家庭教師が、かのアリストテレスだったことは御存知かと思います。

アリストテレスは、論理学体系を作り上げた哲学者ですが、それだけでなくまことに広範囲をカヴァーする博物学者でもあったのですね。その影響だと考えて間違いないと思いますが、大王は東征で平定した地域に、地理学者も含めた博物学者や哲学者を呼び寄せ、ありとあらゆる種類の文物、慣習を調査させ、その成果を兵站基地であるアレクサンドリアに集めて整理、研究に当たらせました。

このやり方は、バクトリア王国にも継承されたようで、『ミリンダ王の問い』では、王は哲学者などの学者を多数抱え、外でインドの様々な論者と対論するときにはその人たちを引き連れて行くのが常でした。その文献では、しょっちゅう「五百人のギリシア人に囲まれて」という文言が出てきます。正確に五百人ではなくとも、いつも多数の学者を連れて回ったようです。

＊

宮元　さて、ヴァイシェーシカ学派の開祖はカナーダとか、カナバクシャとか、カナブジュとかと呼ばれています。何れも「小さな粒（カナ）を食べる人」が原義ですが、その「小さな粒」が「原子」であるとすれば「原子論で身を立てている人」、つまり「原子論者」を指したと考えるのが理に叶っていますね。この学派の原子論の立脚点は、デモクリトスの原子論の構想と瓜二つですからね。

また、カナーダは「ウルーカ」（Ulūka、語源を同じくする英語ではowl）とも呼ばれました。「梟」という意味です。ギリシア神話では、梟は智慧の女神アテナイのお使いですから、これはカナーダがギリシア人哲学者たちから「御貴殿は、智慧の女神アテナイのお使いである梟のように賢明ですね」との敬意を籠めた愛称だったと、そう考えるのが最も理に叶っていますね。

ちなみに、ローマ神話では智慧の女神はミネルヴァです。かのヘーゲルは、ソクラテスやプラトンなどを輩出したギリシア哲学黄金期は、ギリシア文明がもはや後戻り出来ないほど衰退した時であることを、「ミネルヴァの梟は、日暮れとともに飛び立つ」と表現しました。ヘーゲルも、案外文学的な表現をすることもあるのですね。

カナーダは、元々はヴェーダの宗教の中枢に位置する文法学派に属していたと考えられるのですが、ともあれ活躍したのはまさに西暦紀元前二世紀半ばで、ずばりバクトリア王国全盛期なのです。

＊

宮元　と、以上を前置きとして、ヴァイシェーシカ哲学の実在論に直参することにしましょう。

黒木　あのー今の「直参」は、あの「直参旗本」の「直参」と同じ字でしょうか？

宮元　なるほどねえ。今は通じませんかしらね。では、「直入する」ならどうですか？

黒木　はい、それなら分かります。

＊

宮元　では、まず唯名論と対比した上で、実在論の基本的な考え方とは何か、これを確認して置きましょう。

ことばには、それが指し示す対象（意味）があり、かつ、ことばと対象とは別物であると、これが実在論の最大公約数です。唯名論では、ことばと対象とは一つものだとされるのでして、この違いをしっかりと頭に入れて、これから色々と考えて行きましょう。

今、実在論の「最大公約数」と言いましたが、ヴァイシェーシカ哲学を検討すれば、それが何を意味するのかすぐに分かると思います。

で、そのヴァイシェーシカ学派の実在論には、次のような堅牢な枠があります。

「知られるもの、言語表現されるものは、皆、実在する。」

ヴァイシェーシカ哲学体系のこれが出発点であり、また終着点でもあるのですね。「ことばや知識にはその対象があるって、別に不思議でも何でもないのだけれど」と、恐らく皆さんも含めて、私たちの周りの人々は思うでしょうが、ヴァイシェーシカ学派流の実在論は、私たちの日常生活感覚にもとづく常識的な実在論、あるいは素朴な実在論ではおよそ理解不可能なものだと、長年この学派の研究に携わって来た私はこれを痛感しています。ですから少ししつこいなと思われても、徹底的に力説しなければならないと考えています。

例えば二十世紀の初めごろ、数学的論理学が確立する中で、それに関わる学者たちの頭を悩ませる大きな問題が浮上し、侃々諤々の議論が巻き起こりました。いわゆる意味論の中の難題でして、その中にことばには必ず指示対象（意味）があるのだろうか、というのがあります。

たとえば、ギリシア神話に、「ペガサス」という空を翔ける白馬の話が出て来ますが、当然ですがペガサスは神話上の空想の生き物でして、昔も今も存在している訳ではありませんね。

ところが、私たちはギリシア神話のペガサスの話を読めば、へー面白い生き物だねーと話の内容を理解しますね。

これが論理学者たちの頭を悩ませたのです。ありもしないものごとを、ありありと理解出来るとは、如何なることなのであろうか、とね。

論理学はことば、概念を扱いますが、あくまでも厳密であることを求めますので、得体のしれないことば、概念が、自分たちが営々として築いてきた論理学の体系に大きな疵を与えることになるかも知れないと心配したのです。

また、こういう例題も盛んに議論されました。それは「真四角の円形ドーム」問題です。皆さん、真四角の円形ドームみたいなもの、この世にあると思いますか？

澤口　あり得ないですね。

宮元　でも、そんなものはあり得ないと、私たちはすぐに理解しますね。理解は知識ですね。素朴な実在論では、知識には知られる対象があるとしますが、この例題では知られる対象などある訳がないでしょ、ですね。

で、現代論理学史で目覚ましい活躍をした学者たち、侃々諤々やったのですね。私の眼には、ここらへんで手を打っておけば良いのではという、本質をはずした解釈で、何となくこの議論は収束してしまいました。

W・V・O・クワインという論理学者がいるのですが、皆さん、御存知ですか？

黒木　はい。日本語に翻訳された著作がたくさんありますので。でも、少し読んでみて、面倒くさいなと思ってそれで止めましたけど。

澤口　私もその人の本をまともに読んだことはありませんが、野矢茂樹さんがたくさん書いている、一般人向けの論理学の本は、少しばかり読んだことがあります。その中で、この人の名前が何回か出ていましたね。

宮元　ええ、クワインの著作の重要なものは、すべて和訳されていて、大型の書店の哲学書コーナーには必ず何冊も並んでいますね。論理学の本であれだけたくさん和訳されているのは、他にはないですね。

あ、バートランド・ラッセルの著作も随分と人気があって、和訳もたくさんありますが、すべてが論理学の本ではありませんからね。

ということから分かりますように、クワインは現代論理学にきわめて大きな功績を残した人物として有名なのです。クワインはアメリカのハーヴァード大学で長く教鞭を執って来た人で、「ハーヴァード学派」という巨大な学者集団の開祖となったのです。

では、クワインが先の難問をどう解決しようとしたか、「真四角の円形ドーム」のケースを見ることにしましょう。

クワインの解決案は次の通りです。

「『真四角の円形ドーム』は、意義（内包、sense）は持つが、指示対象（意味、meaning）は持たない」

こうして、このようなことば、表現が、化け物となって暴れまわらないように、うまく手なずけたという寸法なのですね。ああでもない、こうでもないとさんざん呻吟して来た例の「ペガサス」問題も同様にこれで解決と、議論は長かったけれど結論はきわめて簡潔と、ほっとしたのでしょう。

ただクワインは、実在論をベースにという意識で論理学を展開することにやはり大きな危惧の念を抱き、命題にせよ名辞にせよ、唯名論で済ます、簡単に言えばただの記号として扱い、それが実在論的に何を指すのかという問題を排除しようとしました。

で、クワインさん曰く、「私は、論理学者としては唯名論者、一生活者としては実在論者と、そうした区別をしているのですよ」と。なかなかの手ではありますね。皆さん、分かりましたか？

黒木　はい、何か拍子抜けみたいな気がします。でも、多くの学問とか研究とかは、同じようなものかも知れないな、とも思いました。厖大な学問研究があった末にえらく簡単な結論に至ると、そうした話はよく耳にしますね。

澤口　私も、例の「一足す一は二」であるのは何故か問題で、先生が仰った、自然数についてのペアノの公理を読みました。あまりにもあっさりした話で、私も拍子抜けしてしまいました。

宮元　問題は、ヴァイシェーシカ学派ならば、そのような難題をどう解決するだろうかです。と、頭をかなり使う話が続きましたので、小休憩としましょう。軽くストレッチ運動でもしてください。十分後に授業再開としましょう。

＊

宮元　頭と体がほぐれましたでしょうか？　では、授業を再開します。

その実在論に設定された堅牢な枠を守れば、ヴァイシェーシカ学派は、例の問題を「真四角の円形ドームは、あり得ないものとして実在する」というように処理するでしょうね。

序に、「ドラえもんのタケコプターは、フィクションとして実在する」と、それから「弁慶の七つ道具は本当かどうか分からないものとして、実在する」と、切りがないのでこれぐらいにして置きましょう。

ここが日常語とは違う、この学派独特の用語法なのですが、「有る」と「実在する」は、別物なのです。ここ、インド哲学研究者でも、区別出来ていない人が結構いますので、大いに要注意です。

たとえば「この床には水がめが無い」と、否定辞を含む文章を聞いて、私たちはすぐにこれが何を言っているのか分かりますね。否定辞も言語表現されるものであり、それによって状況が知られるのですから、ヴァイシェーシカ学派の堅牢な枠からして、「この床には水がめの無が実在する」となります。つまり、有ろうが無かろうが、知られ、言語表現されるならば、それは実在するとされるのです。

ちなみに、堅牢な枠からして、「実在しない」という文言が立てられることは決してないのです。知られないもの、言語表現されるものが、そもそも実在するとかしないとかいうこと自体、ノンセンスなのです。

「知られないけれど有るのだ」とか、「言語表現されないけれど有るのだ」とかは、インドでも少なからぬ学派、宗派で言われますが、こうした考えは、普通、神秘主義と言われますね。ですからヴァイシェーシカ哲学には、神秘主義の忍び込むどのような隙間もないのです。

澤口　以前の集中講義でも、授業中か授業時間外だったか、先生がヴァイシェーシカ学派の実在論は、ゴリゴリの実在論だとか、ここまで来れば形而上学的実在論だと言っても過言ではない、と仰っていましたね。そういうことなのですね。前回はぼんやりそんなものかなあぐらいでしたが、今ははっきりと理解出来るように思います。

黒木　私もそうです。素朴を通り越した実在論ですから、形而上学的実在論というのは、分かり易い言い方だと思います。

宮元　ヴァイシェーシカ学派の原子論、カテゴリー論の基本的発想法につきましては、前回の集中講義でかなりしっかりと説明して置きましたので、今回は言及しないことにします。「一個、二個、三個と、私たちはなぜ数えることができるのでしょうか？」を巡って、皆さんと問答したこと、憶えていますか？

黒木　はい、勿論、面白かったです。

宮元　澤口さんはどうですか？

澤口　私も同じです。あのような議論って、いくらやっても疲れないような気がします。

宮元　はい、私もそうですが、授業時間は無限にある訳でもありませんので、また別の機会に、色々な問題について議論を交わしましょう。

　ということで、もっと、と思われるかも知れませんが、ヴァイシェーシカ学派の実在論については これで終わりとします。と、その代わりといっては何ですが、同じくギリシア哲学を学説の基礎に組み入れた説一切有部の実在論につきましては、以前まとまった講義はしませんでしたので、今回は少し丁寧にそれを追いかけることにします。

＊

宮元　先程、小休憩を取ったばかりですが、次はテーマが大きく変わりますので、ここでまた、十分ほど休憩することにします。それでは。

2　説一切有部の実在論

宮元　まずは、説一切有部の履歴から始めましょう。履歴といいましても、かなりアバウトなのですが、これはある程度容赦して貰いませんと。何しろ、インドの場合、近世に至るまで、どの分野であれ信頼に足る史料に乏しいのですから。

と、これをくだくだ述べても仕方がありませんので、各方面からの推測を総合すると、次の様だったと考えられます。

仏教の開祖ゴータマ・ブッダは、西暦紀元前六世紀の半ばから前五世紀の半ばにかけての八十年間、中インドで活躍した人です。

ゴータマ・ブッダが入滅して後、伝承により、百年、二百年と、違いはありますが、古代インドでは奇跡的に数年の誤差で分かっている、マウリヤ朝マガダ国は第三代のアショーカ王の在位の期間に、それまで一枚岩だった仏教の出家集団、パーリ語でもサンスクリット語でも「サンガ」、漢訳で「和合衆《しゅ》」、漢訳音写語で「僧伽《そうぎゃ》」、略して「僧」が二つに分裂しました。

伝えられている所では、経済力が集中している大都市を拠点にし、それにうまく適応するために戒律の解釈を少し変更しても構わないと考える出家たちと、必ずしも大都市を拠点とせず、ゴータマ・ブッダ存命中に確定されていた戒律をあくまでも遵守すべきであるとする出家たちとが袂を分かったということです。

その袂を分かつことになった会議で、たまたま多数派だった改革派が大衆部《だいしゅ》、保守派が上座部、と、この分裂が根本分裂と言われ、後にそれぞれの部派が枝分かれまして、それを枝末分裂と言いますが、最終的にはおよそ二十を数える部派に分かれたとされます。こうしたゴータマ・ブッダ以来の、口伝の経典を奉じながらも、解釈の違いが段々と深まって行きました。これを一枚岩だった頃の初期仏教に対して、部派仏教と言います。

その保守派の上座部から、早い時期に枝分かれした部派が、説一切有部なのです。

後にパーリ語を聖典語とした上座部ですが、そのパーリ語はアショーカ王時代以降、主として西インドへ勢力を伸ばして行った部派が用いていた地方語です。上座部から分かれた説一切有部は、西北インド、ガンダーラ地方とかカシュミール地方を拠点にするようになりました。上座部仏教が伝えて来たパーリ語仏典の一つ、『ミリンダ王の問い』で、仏教側の学問僧ナーガセーナが一貫して説一切有部の立場に立っているのは、そうした事情によるものです。

さて、ここが肝腎なのですが、説一切有部がそれなりに安定した勢力を持とうかという頃に、かのアレクサンドロス大王率いるマケドニア軍が、主としてハイバル峠を越えてインド亜大陸に侵攻し、それが撤退した後にもインド亜大陸の政治的混乱のため、ギリシア人が次々と、まさに説一切有部の拠点地域に移住して来たのですね。侵攻し、長く支配を続けることになりました。

＊

宮元　と、以上、私が一人で喋って来ましたが、その意図は分かりますよね。どうですか？

黒木　説一切有部の学説に、ギリシア哲学が入り込んだことの、状況証拠を説明していらっしゃるのですね。

宮元　説一切有部がギリシア哲学を自らの学説の要に据えたなどは言うに及ばず、そもそも、説一切有部が広いインド亜大陸のどのあたりで勢力を持っていたか、その経緯は何か、など、こうしたことについて、多くの仏教学者は、信じられないほど関心を持たないのですよ。

私、この方面の研究を志してからずっと、甚だ違和感を憶えることが多々ありましてね。その大きな違和感は、仏教学研究者のほとんどは、インド思想史はおろか、インド文化史、ひいては、インド史全般に信じられない程関心を持たないということです。仏教は、インドに興り、アジア各地に広まり、ついにその精華というべきものが日本仏教として開花したと、そう考える研究者が多いのですが、これではあまりにも考えが狭すぎるのではないかと思いますね。「仏教はインドで興った」ことだけが重要で、その前はどうだったのか、どうして興ったのか、どのようにしてインドの中で広まったのかなど関心無しとなると、どのようにして仏教がアジアの全土に広まったかの研究もろくに出来ませんよね。

澤口　そうなのですか。私はかつての先生の集中講義以来、関心がありましたので、それなりにインド史やインド思想史や仏教史の勉強をして来たつもりでして、インドはありとあらゆる思想潮流のるつぼみたいな所で、仏教もそのるつぼの中で、他から影響を受けたり、また他に影響を及ぼしたりと、すごくダイナミックな思想の渦の真っただ中にいたという感じでいますので、仏教はインドで興った、だけで仏教を語るなど、信じられません。

宮元　これはまた、随分と心強い話ですね。わがジャンルではろくに関心を向けられなかった話、皆さんには、恐らく大いに話す甲斐がありそうで、楽しみです。

＊

宮元　さて、これからがギリシア哲学を学説の重要部分に据えた、説一切有部の実在論の何たるかに迫ることにいたします。

まず大きな誤解がないように、予めお断りして置くというか、基礎の基礎を確認しておきたいのですが、説一切有部は、保守派の旗振り役を果たした上座部の流れを汲む人々ですから、当然ゴータマ・ブッダ以来の教えを、口伝で、きわめて正確に伝えて来た人々だということ、これを外して、勝手なことをあれこれ喋る訳には行きません。

一口に「仏典」、あるいは「仏教経典」と言いましても、厖大な分量に上ります。それは大きくは三部に分類されます。パーリ語では「三ピタカ」と言われます。「ピタカ」とは、バスケットのことです。ピクニックの小さなバスケットではなく、巨大なバスケットですね。

漢訳では「三蔵」と言われます。「三つの蔵」と書きますが、皆さん、聞いたことがありますか?

黒木　孫悟空が活躍する『西遊記』では、三蔵法師がいて、天竺、つまりインドへ向かう旅をしますね。僕は観たことがありませんが、日本で映画になったと聞いています。もっとも、元になっている『西遊記』、ちゃんと読んだことはないのですが。

澤口　そのインドへ旅する三蔵法師って、玄奘三蔵がモデルだったと聞いています。三蔵と名の付く人は、中国仏教には玄奘さんだけでなく、他にもいらっしゃったようですが、詳しいことは知りません。

宮元　はい、まあ三蔵と呼ばれるお坊さんは、確かに中国には何人もいましたね。それは「仏典のすべてに通じている人」の意で、敬称なのですね。

で、その三蔵あるいは三つのバスケットですが、それは、一つには律蔵、二つには経蔵、三つには論蔵です。

一応説明しますが、律蔵とは、出家が守るべき戒律、それは男の出家、比丘ならば二百五十項目、女の出家、比丘尼ならば、三百四十八項目、ほとんどべからず項目の連なりです。律蔵に収められている文献は、こうした項目をただ列挙したものではまったくないのでして、それぞれの禁止項目が制定されるに至った、かなり生々しい事件だけでなく、そもそも出家の集団、サンガ、僧伽が、どのようにして形成されたのかとの伝承と、それらにまつわる事柄のすべてをまとめたもので、伝統仏教ではいわば確固とした口伝ゆえに根拠明白な、揺るぎのない原則を記したものなのです。

次に経ですが、これは、ゴータマ・ブッダが、主に経験的に知られる事実を事実として過つことなく受け入れ、認識し、骨の髄まで沁み込ませよと説き続けた、そのことばを前後の経緯とともにまとめたものです。

次に論ですが、これは、ゴータマ・ブッダが入滅してから、かなりの時を経て、恐らく仏教の外にいる、いわゆる外道のみならず、ブッダのことばをどう解釈するかについての仏教内部で議論を呈する人々に対して、それぞれの部派でこれを何とかしなければと、仏教流の聖典解釈学が勃興しました。律蔵や経蔵の成立よりかなり後になってからのものだとは、皆さんも分かりますね。

前回の授業でも、これはヴェーダ聖典の解釈学としての、ヴェーダーンタ学派やミーマーンサー学派に言及しましたね。大まかに言って、仏教の「論」も、それとまったくと言っても構わないぐらいのものなのですね。

と、こうしたことをわざわざ私が述べたのは、それなりの意図があってのことなのですよ。

それは、説一切有部がかなり突出した理論を展開したのは、あくまでも律蔵、経蔵の外にある論蔵の世界においてでの話なのですよ。

くどいかも知れませんが、説一切有部は、前代未聞の独自路線をやみくもに突っ走ったのではなく、みずからがこうでしかあり得ないと確信するゴータマ・ブッダの教えの真義を守り尽くすために、必要な理論武装で対処しますよと、私説一切有部の心意気、まあそれなりに感じないでもないのですけどね。

＊

宮元　さて、かの『ミリンダ王の問い』で、ミリンダ王ことメナンドロス王と対論を交わしたのはナーガセーナ長老で、その議論からナーガセーナ長老が、説一切有部の「論」の立場から律と経を駆使している有様が生々しく伝わって来ます。

相手がギリシア人の国王で、議論好きとはいえ、仏教については基本的に素人ですので、ナーガセーナも説一切有部の「論」を、剥き出しに振り回すことはしていません。とはいえ、時々顔を見せる「論」は、やはり「論」であることに変わりがありません。ここに見られる断片的な「論」、これは説一切有部だけでなく、すべての部派の論を目の当たりに出来る、最初のものなのですね。

『ミリンダ王の問い』は、次回の授業でまた詳しく取り上げることにしますが、今は説一切有部の論の完成形と言える、西暦紀元後四世紀半ばの、ヴァスバンドゥ（世親）の手に成る『阿毘達磨倶舎論《あびだるまくしゃろん》』、略して『倶舎論』、それをベースに話を進めることにします。

＊

宮元　ではまず、そもそも古代ギリシアで原子論が構想されたのは何故かという、いわば原子論の原点を押さえておこうと思います。

西暦紀元前五世紀、パルメニデスという人物が、有るものは有るものであり続ける、有るものが無いものになったり、無いものが有るものになったりすることはない、という趣旨の主張をなしたとされます。あまりにも断片的な資料しか残されていないとはいえ、その弟子のゼノンが、ものごとの生滅・変化という現象は、人々の錯覚に過ぎないことを訴える、幾つもの有名なパラドックスを提示したことなどがあり、真実の本体は常住不変であり、知覚される現象は錯覚でしかないとする思潮が興ったことに間違いはなく、そこでこうした思潮に乗る人々はエレア学派と称され、その開祖がパルメニデスだとされたのです。

ところで皆さんは、ゼノンのパラドックスがどのようなものか御存知ですか？　恐らく皆さんは、哲学科の必修科目の西洋哲学史を受講しているはずですから、どうですか？

黒木　はい。矢は的に届かない、とか、飛ぶ矢は飛ばない、とか、えーと他にも色々ありますね。

澤口　アキレスは亀に追いつけない、というのもありますね。私、何か変だなと直感するのですが、考えれば考えるほど、ゼノンの術中に嵌ってしまうようで、何故なのでしょうか？

宮元　いや、私も直感ではおかしいとは思っていますが、正面突破は困難ですね。直感で、思考の泥沼に他人を迷い込ませる仕掛けは、時間や空間は無限に分割出来るとする前提ですね。無限に取り組んで、人生が破綻したり、探索を放棄してしまったりした人々、特に、数学や論理学に携わる学者は、少なからずいましたからね。

　高校の数学で、皆さん、関数を習った筈ですが、一応、お訊きしますが、どのようなものでしょうか？

澤口　今では縁遠くなった気がしますが、y=f(x) ですね。求める y の値は x 次第という、あれですね。

宮元　はい、その通りです。これは、文章で言い直しますと、どの x にも y が一々対応している、ということです。ここからすぐに無限論が待っています。例えば、直線は点の集合とされますが、すると長さ一メートルの直線を構成する点の数と、長さ一キロメートルの直線の点の数とは、一点の光源からの光の投射という考えを用いれば、まったく同じであることになるのですね。長さはまるっきり違っても、点の集合としては、まったく同規模だと。もうこれで、私たちの常識は、軽く突破されますね。関数の話は切りがありませんので、関心がおありなら、「関数の初歩」とか、「集合論のイロハ」みたいなタイトルの本を探して読んでみてください。ただし、頭が混乱して眠れなくなっても、当方は責任を負うものではありませんけどね。

それはともかく、皆さん、私たちの日常生活感覚では、有ったものが無くなったり、速く動くものもあれば遅くしか動かないものもありと認識している世の中で、それに対応して具体的に生きているのですよね。それが錯覚に過ぎない、では、日常生活はまったく成り立ちませんね。

ところが、たとえばゼノンのパラドックスを理屈のレヴェルで打ち破ることは、きわめて困難、と、そこでデモクリトスは、本体は常住不変であることを認めながら、しかも現象が生滅・変化する、紛れもない現実であることを説明する妙手に辿り着いたのです。

それが原子論です。

ものには、それ以上細かく分割出来ない（アトム）最小の単位がある。もしも、ものが無限に分割出来るならば、小さな豆も、大きな山も、ともに無限個の部分より成ることになり、両者の大小を理屈で説明出来なくなると、それが根拠であるとします。

その最小の単位であるアトム、つまり原子は、常住不変であり、それが妨げるもののない空虚なところを運動し、幾つもが合わさったり離れたりする、そこに生滅・変化してやまない世界が現象するのだと、これならば理屈一点張りのエレア学派の面々からも、ストレートに批判されることはないだろう、となかなか上手く考えたものですね。

＊

宮元　このデモクリトスの原子論が、説一切有部にストレートに引き写されたのですね。まず、説一切有部は有《う》（現に有るもの、sat, 英語ならbeing）を二種類に分けます。

一つは実有《じつう》で、これは常住不変な、原子というべき諸事象（dharma、漢訳で「法」）で、七十五を数えます。「七十五法」と称されますが、これが原子に相当することをはっきりさせるために、私は「七十五の原子事象」と訳すべきだと考えています。

もう一つは施設有《せせつう》です。「施設」は、サンスクリット語ならばprajñapti の漢訳語で、「我々に認識を起こさせるもの」で、これはずばり「ことば」に他なりません。七十五の原子事象が離合集散するなかで、一時的に現われたり、変化したり、消滅したりするもので、実有が本体であるのに対して、現象世界だということになります。後には「仮有《けう》」との漢訳語が当てられるようにもなりましたが。

どうですか？　デモクリトスの原子論の基本構想と、瓜二つですね。

＊

宮元　で、こう見ると、真実には実有が有るのみだが、世俗の日常言語世界では施設有が効力を持つからには、ただの迷妄ではなく、それなりの真実味があることを否定することが難しい、と。そこで説一切有部は、インド思想史上、初めてレヴェルの異なる二種の真実があるとする説、漢訳で言えば「二諦説《にたいせつ》」を唱えました。勝義諦《しょうぎたい》（第一義諦）と世俗諦です。後の、大乗仏教の学僧、ナーガールジュナ（龍樹）の二諦説ばかりが取り上げられていますが、この説は、すでに西暦紀元前二世紀半ばにあった対論を伝える『ミリンダ王の問い』に、明快に解かれているのですよ。

この二諦説はヒンドゥー教の中核を成しながら、大乗仏教影響を強く受けた不二一元論、あるいは幻影論の開祖、西暦紀元後八世紀の学匠、初代シャンカラも、自説を確立する際の重要な武器として活用しました。

これは私なりの考えによるのですが、説一切有部にとっては、勝義諦は実在論の世界の真実、世俗諦は唯名論の世界の真実と振り分けられます。すると説一切有部は、インド哲学の古来の潮流を実在論を優位とし、唯名論を下位、便宜的なものとして位置付けたと、こう考えるのはどうでしょうか？

すると、大乗仏教最初の学派である中観派の開祖、龍樹が、勝義諦は一切皆空の唯名論、世俗諦は日常生活感覚としての実在論とし、唯名論の空思想に立って実在論を徹底的に打ち壊すことに奔走したというのも、それなりに理解の行くことだと思いますね。
あ、空思想なる唯名論については、後で丁寧に説明する予定ですので、乞う、御期待。

*

宮元 七十五の原子的事象とは何か、皆さんも、気になるでしょうから、一覧表をお見せしますね。これです。この一覧表は、「五位七十五法」とされまして、大項目、中項目、小項目より成っています。

五位
　色法
　　眼根・耳根・鼻根・舌根・身根・意根・色境・声境・香境・味境・触境・法境
　心法
　心所法（心の働き）
　　大地法

受・想・思・触・欲・慧・念・作意・勝解・三摩地
大善地法
信・勤・捨・慚・愧・無貪・無瞋・不害・軽安・不放逸
大煩悩地法
無明・放逸・懈怠・不信・惛沈・掉挙
大不善地法
無慚・無愧
小煩悩地法
忿・覆・慳・嫉・悩・害・恨・諂・誑・憍
不定法
悪作・睡眠・尋・伺・貪・瞋・漫・疑
心不相応行（心とは関係なく作動する）法
得・非得・衆同分・無想果・無想定・滅尽定・命根・生・住・異・滅・名身・句身・文身
無為（作られたのではない）法
虚空無為・択滅無為・非択滅無為

＊

宮元　さて、この一覧表、何も説明せずに、はい、この通りです、では余りにも不親切ですし、かといって、縷縷説明するのもこの授業の目指す所でもありません。なので、最低限の説明を施すこととします。

色法《しきほう》とは、いわゆる物としての事象です。感官が対象を捉えるとき、知覚に必要な道具である感官は、身体に分布する物ですし、それが捉える対象も物ですね。大体、そのようなものがこの色法にまとめられます。

心法《しんぽう》、これは読んで字の如く、次に来る心の働き、心所法《しんじょほう》が起きる場所です。

心所法の内、大地法《だいちほう》は、善悪とは無関係に、私たちが生きている限り、頭を働かせる、その基本を指します。朝目が覚めて、ああ朝が来た、さて顔でも洗うかと思ったり、腹が減ったから何か食べるかと思ったりとか、そろそろ仕事に出かけるかと思ったり、などなど、色々あるそのような心の働きです。

また、不定法《ふじょうほう》とは、善く働かせれば善業となり、悪く働かせれば悪業となる、その働かせ具合で、どちらにも傾く、そのような心の働きです。例えば「尋《じん》」と「伺《し》」とがありますが、ゴータマ・ブッダは、これによって十二因縁を確定することが出来た、その最大の武器、因果関係検証法に他ならないのですよ。

「尋」というのは、「それが有ればかれが成立し、それ生ずればかれが生じ、それが無ければかれが成立せず、それが滅すればかれが滅する」という、仮言命題を駆使して因果関係を確定しようとの最大の武器としての心の働きなのですね。そして、その仮言命題によって因果関係はこうだ、と、確信する心の働きが「伺」なのです。

ところが、仮言命題を駆使するやり方は、他人をペテンにかけるときの常套手段でもあります。皆さんも、分かると思いますが、「もし〜ならば〜となるでしょ。もしもそうでなければ」と、仮言命題を連発されると、頭が混乱しますね。

ということで、ゴータマ・ブッダが最勝の武器とした「尋」と「伺」も、いつの間にか、使いようで善にも悪にもなる、どちらに転ぶかその時々ということで、善悪が一概に決まらない心の働きとされた訳です。

無為法とは、作られたものではない原子事象のことです。逆に、有為法とは、作られたもののことで、別の漢訳では、「行《ぎょう》」です。あの「諸行無常」の「行」です。分かりますか？ 世のかなり多くの人々は、あの高校の古典の授業で習う『平家物語』の冒頭の名句、「祇園精舎の鐘の声、諸行無常の響きあり」を思い出し、「およそこの世で、無常でないものは何もない」と思い込んでしまうようですが、「諸行無常」とは、あくまでも「およそ作られたものは、滅する運命にある」でして、作られたのではないもの（無為法）はその限りではない、むしろ常住不変なのだと、これがゴータマ・ブッダの、そして説一切有部の考えなのですね。ここの所、決して誤解のなきように願いたいものですね。

＊

宮元　さて、ここで大問題が潜んでいるのですが、何だと思いますか？　この一覧表には、欲望とか瞋りとか妬みとかが、原子事象とされていますが、これ、不思議に思いませんか？　原子事象は常住不変ですね。でも、そのような感情は、ふっと湧いてはふっと消え、といったものではないでしょうかしらね？　瞋りの感情が、永遠の過去から、永遠の未来まで、ずっとあり続けるって、常識では考えられないですよね？

ゴータマ・ブッダは、煩悩を自分を苦しみ痛ませる矢のようだとの譬えを、しばしば述べています。でも例えば、頭に来るといった怒りや、この機にぼろ儲けしてやろうとか、そういった強烈な煩悩って、いくら何でもそうした人も、少し冷静になれば自覚出来ると思いますが、なかなか自覚出来ない煩悩もあるのだと言いますね。

強烈な煩悩は大きな矢だと言えます。修行とはいわば、煩悩の矢を一本ずつ抜くことだとされます。大きな矢は、その気になればすぐ分かりますから、すぐにでも抜けますが、針のように小さい矢は、自覚が難しい、つまり抜くことがなかなか出来ない、その典型が妬みだと、仏典のあちこちにこのように述べられています。皆さん、妬み心を自覚したことがありますか？

黒木　「妬み」と言われますと、どうかなと思いますが、周りの誰かと比べて「悔しい」とは時には思うことがあります。それも妬みと言うならば、僕も、結構妬みの多い人間なのかも知れませんね。

澤口　そのように言ったら、ひょっとして私なんか、妬みが生きる原動力みたいな人間なのかも知れません。でも、悔しいから悔しくなくなるまで頑張ろうって、何かそれが特別、悪いことでしょうかしら？

宮元　はい、ほとんどの人間はそのようなものではないでしょうか？　かく言う私も、人生の随所で悔しい思いをしまして、それを発条にして、そうして今現在の私が形成されたと、言えないこともないかな、と思いますよ。

　いやそれはともかく、妬みという心の働きが、どうして常住不変の原子事象なのでしょうね？

澤口　それは、私、すごく良く分かる気がします。最近、脳科学の話をよく耳にしますけど、妬みって、何も無いところにいきなり生ずるのではなく、そもそも脳にそうした妬みを起こす仕組みがあると、それも進化論である程度説明が可能だと。それは本当ではないかと、私は思うのですが、どうでしょうか？　私が言いたいのは、脳の仕組みによるというならば、妬みの感情はそれが顕わになるずっと前から潜在的にあった、それが何かを切っ掛けにして顕わになることがあると、これなら妬みも、原子事象みたいに、少なくとも人間には有り続けていると考えても不思議ではないと思いますが。

宮元　いや、澤口さんの考え、妬みみたいな、一見、一過性と思われがちな心の働きが、常住不変の原子事象だと考えた説一切有部の見解の真意を、見事に衝いていると私は思いますよ。そう、妬みは予め有るからこそ起こるのです。予めということは、万事、永遠の昔から用意されていたということですね。

この「予め有った」ということを、原子論をベースにする説一切有部は重視したと、そう考えると、この部派の色々な考えがすんなりと理解出来るように思います。

では、澤口さん、いや黒木さんでも構わないのですが、「予め有った妬み」は、まだ生じていない妬みですね。それが今生じたとして、いつまでも続く訳ではないですね。でも、妬みは常住不変の原子事象だと、これはどう考えたら良いのでしょうね？

澤口　今生じたものは、すぐに過去のものになりますが、今も過去もたいした問題ではなく、予めずっと有った、有り続けているということこそ重要なのではないでしょうか？

宮元　うーん、どう説明したらよいか、私もあれこれ腐心して来たのですが、私もこれですっきりした感じがします。今の澤口さんの説明で、うまく行きそうですね。どうも有難う。では、この線で一気に説一切有部の「三世に亘《わた》って実有は常住である」（「三世実有法体恒有《さんぜじつうほったいごうう》」、漢訳語としては下手くそですね）の解明に直参、いや、直入しましょう。

＊

宮元　さて、「三世」とは、未来世、過去世、現在世のことです。未来世とは、まだ生じていない事象が待機している時間領域、過去世とは、すでに終わってしまった事象が屯する時間領域、現在世とは、今現在起こり、起こり続け、もうじき終わる寸前まで有る事象が活躍する時間領域のことを言います。

妬みという原子事象で言いましょう。何しろ、原子事象ですから、予め未来世に有るのですね。それが現在世に移動すると。この移動のことを「落謝」と言います。この「謝」という漢訳語のイメージは、「ごめんなさい」の「謝」ではなく、「新陳代謝」の「謝」です。で、妬みという原子事象は、現在世には瞬時にしか留まりません。それは、速やかに過去世へと落謝すると。これを原子事象は三世に亘って常住であり続けることだと、説一切有部は言うのですね。

これ、澤口さんが鋭く指摘されたように、「予め」、説一切有部ならば「永遠の昔から予め」と言いたいでしょうが、有るものでしか言えない話ですね。つまり、原子事象なる実有にしか通用しない話で、原子事象の離合集散から現れる、偶発的な有りかたでしかない施設有には適用されない話だと、自分で喋っていて自分で納得、いや面白い話ですね。

澤口さんは、野矢茂樹さんの、論理学関係の本を読んだことがあると言っていましたよね。

その野矢さんの大学の所属学科での前任者、いわばお師匠さんに当たると言っても良い、大森荘蔵さんという人、御存知ですか？

澤口　聞いたことはありますが、どんな人かは知りません。

宮元　黒木さんはどうですか？　何か、知っていそうな顔に見えますが。

黒木　はい。僕は、野矢茂樹さんの本は読んだことがありませんが、大森さんの本は、少しばかり読みました。『新知覚新論』です。イギリスのキリスト教のお坊さんで、同時代のニュートンを罵倒したバークリーの著作の『視覚新論』を論じたものです。あの集中講義の時間外で、先生がちょっと面白いよと仰ったので、図書館で閲覧したのですが、生まれつき眼が見えなかった人が、何らかの切っ掛けで、いきなり眼が見えるようになったとして、その人の目には何が映るか、という議論です。僕なんかが、日常当たり前だと思っている、視覚だとかの知覚が、ちっとも当たり前でないことを思い知らされた、それだけでも衝撃的な著作を、大森さんがそれに重ねて「新」と付けて、さらにもみくちゃにしながら整理しようとしたものですね。分かったとはとても言えませんが、また、繰り返し読んで見たいと思いました。

宮元　それはまた、上々ですね。私がその本を薦めたこと、憶えていますよ。

で、それはそれで面白いのですが、その問題はまた別の機会に検討するとしまして、大森さんには、『時は流れず』という著作があるのですよ。これは事象が未来から現在、そして過去へと流れることが時間の前後の感覚の元であり、流れるのは時間ではなく事象なのだ、と考えても良いのでは、という、思考実験なのですね。

で、これって説一切有部の考えそのものですよね。

私、大森先生とは、二回お会いしたことがあるのですが、二回目、ことばを交わすチャンスがありましたので、『時は流れず』は説一切有部の仏教説を参照されたのでは、と質問したのですが、まあ、けんもほろろ、「僕は抹香臭い仏教の本なんか読んだことはありません」とのご返事。実際にそうだったかも知れませんが、真剣に考え抜けば、古今を問わず、東西を問わず、相互に何の影響関係がなくとも、そっくりな考えに辿り着くと、こうしたことは案外多くあるのではないかと、私は思うのですけどね。

＊

宮元　かなりのところまで考察を深めて来ました。皆さんも相当に頭をフル回転させたのではないでしょうか？　ちょっと長い一日だったかも知れませんね。で、本日の授業はこれで終わりとします。前にも言いましたように、授業時間は無限ではありませんので、本日の話は本日の話としまして、次に進みたいと思います。
次は大乗仏教で全開する、ことばの力による願望の実現、という話です。ビールありますけど、炭酸飲料もありますよ。ちょっと息を抜いてみませんか。

Ⅳ　仏教に忍び込んだ唯名論

1　違《たが》うことのない真実のことば（サッティヤ）の驚異的な実現力

宮元　さて、ヴェーダの宗教では、ヴェーダ聖典のことばは、ブラフマン（漢訳で「梵」）、あるいはマントラ（漢訳で「真言《しんごん》」）、あるいはサッティヤ（漢訳で「真実（語）」）だとされたという話、先にもしました。また、とりわけ論題としませんでしたが、ゴータマ・ブッダや初期仏教には、そうした考えはまったく見られません。

ゴータマ・ブッダが開発された修行法は、まとめれば戒定慧《かいじょうえ》の三学と称されます。出家としての多くの戒律をきちんと守り、観察を旨とする瞑想に打ち込み、それによって不動の真実を確信する、そこに智慧が生まれ、無明の闇を破ることになる、細々《こまごま》した修行も、すべてこの三学の内に収まるのですね。

ところが、いつの頃からか、それはまず部派仏教時代になってからですが、自らの誓いのことばをあらゆる苦難をものともせず守り抜くと、そのことばは、ヴェーダ聖典のことばにも匹敵する、驚異的な実現力を持つ真実語になる、その真実語の力によって、大願を成就するのだ、との考えが、仏教に忍び込んで来るようになったのですね。

その考えが生んだものこそ、菩薩とその行《ぎょう》です。マウリヤ朝のアショーカ王が、仏蹟とそれらを巡る道を整え、また、それを切っ掛けとして、壮麗な仏舎利塔《ぶっしゃりとう》が次々と建造されるに及んで、巡拝者たちに、ブッダの偉大さを、まるで喇叭を吹く（バーナ）ように吹聴する、「法師」（ダルマ・バーナカ）なる人々が出現しました。

この法師なる人々は、元来は、出家見習いの沙弥《しゃみ》のことで、ただ十項目の戒律を守る人々で、必ずしも出家の集団の中で起居を共にする必要はなく、自宅で生活することも出来ました。つまり、法師は後に日本でいわれるようになる「非僧非俗」（僧（出家の集団のメンバー）ではないけれども、かといって、まったくの俗人でもない者）なのです。

インドでは、古く、仏教が思想史上巨大な力を持っていました。それはがっちりとした生活規律のもとで集団生活をし、初等教育から論師養成教育まで、雑事に追われることなく、一貫して行われたことに由来します。これは出家至上主義でありまして、仏教の出家は冠婚葬祭を始めとする俗事に決して関わってはならないとされ続けたのです。

ジャイナ教は、同じく出家至上主義ではありましたが、他方、在家信者の生活指導にとても熱心でした。インドには、古来サンスカーラ（浄法）と呼ばれる通過儀礼が重んじられました。これは、生まれてから死ぬまで、人生の折節に行われるもので、西暦紀元四世紀頃の法典以来、十六を数え、現在に至っています。誕生祝、命名式、お食い初め、歯固め、お宮参りなど、わが国のものとそっくりな項目が挙げられます。

ジャイナ教は在家信者が大切にするこうした通過儀礼を、精神的にフォローすることを怠りませんでした。また、ヒンドゥー教は出家至上主義とはほど遠い所にあり続けました。今でもヒンドゥー教寺院のお坊さんは、ほとんどが妻帯、子供持ちで、出家だけが集団生活するイメージとはかけ離れているのですよ。

ところで、仏蹟や仏舎利塔を巡拝する人々は、在家信者で、しかも純粋な仏教信者ばかりではありませんでした。そして、ここが肝要なのですが、その人たちは世俗生活を、広くはヒンドゥー教のお坊さん、一部はジャイナ教のお坊さんに手引きされることで、人生を全うしようとする人々でした。

私は、ブッダの偉大さをあたかも喇叭を吹くように吹聴する非僧非俗の法師を介して、古来のヴェーダの宗教思想の根幹をなす、「ことばが森羅万象を創る」という考えが、どっと仏教世界に入り込んだと考えています。こう考えれば、インド仏教史は実に簡単に理解出来るはずなのですね。

かのゴータマ・ブッダが、今生でわずか六年間の修行で目覚めた人ブッダとなられたのは、実は無数の前生《ぜんしょう》で、菩薩（ボーディサッタ、目覚めることbodhiを目指す人）として、三学によらず、かつて、仏（過去仏）の前で立てた誓いのことばを守り抜いて、違うことのない驚異的な実現力を持つ真実のことばに仕立てることによってだったと。その前生を、伝承という形で一般の人にも分かるように示した説話が、『ジャータカ』（本生経《ほんじょう》、前生物語）で、それを「論」の観点から捉えた、現在、私たちが知り得る最古の文献こそが『ミリンダ王の問い』なのです。

まずゴータマ・ブッダが、かつてシヴィ王であったときの奇蹟譚が、次のように紹介されています。先程お渡ししたプリントを読むことにします。少し長いですが、それでは。

「ナーガセーナ長老殿、御貴殿たちは、『シヴィ王が、眼を乞う人に、自分の両眼を布施した。そのため、王は盲目になったが、そのとき、天眼《てんげん》が生じた』と仰いますが、このことばには欠陥があり、難ずべき点があり、過失があります。なぜなら、『原因（ものを見る眼）が排除され、無因無根拠であるとき、天眼が生ずることはない』と、経典に説かれているからです。」

ちょっとここで一言。この前生譚では、ゴータマ・ブッダの前生であるシヴィ王は、布施波羅蜜に邁進していたことになります。「波羅蜜」については、後で詳しく検討するとしまして、戒定慧の三学とは無関係に、ひたすら乞われれば必ず布施する行に専心していたことになりますね。では、続きです。

「ナーガセーナ長老殿、もしも、シヴィ王が、眼を乞う人に、自分の両眼を布施したというのであれば、『そのとき、王に天眼が生じた』ということばは誤りです。また、もしも、王に天眼が生じたというのであれば、シヴィ王が、眼を乞う人に、自分の両眼を布施した、ということばは誤りです。

これもまた、両刀論法による問いであり、紐の結び目よりも固く結ばれ、矢よりも深く刺さり、密林よりももっと密であります。この問いが御貴殿に提示されました。さあ、御貴殿は、反対論者の論を破り捨ててください。」

「大王様、シヴィ王は、眼を乞う人に、両眼を布施しました。このことを疑ってはなりません。また、そのとき、シヴィ王に天眼が生じました。このことも、疑ってはなりません。」

「ナーガセーナ長老殿、ものを見る眼という原因が排除され、無因無根拠であるとき、天眼が生ずることは、あり得ようもないのではありませんか？」

「大王様、そうではありません。」

「先生、ではこの場合、どうして、ものを見る眼という原因が排除されて、原因も根拠もないとき、天眼が生ずるというのでしょうか？　余に分かる譬えをお示しください。」

「大王様、この世には、違うことのない驚異的な実現力を持つ真実のことば（サッチャ＝サッティヤ）というものがあり、それゆえ、みずから立てた誓いのことばを守り抜く人が、その誓いのことばを守り抜いて違うことのない驚異的な実現力を持つ真実のことばに仕立て上げようと決意するということ（サッチャ・キリヤー）があると思いますが、いかがでありましょうか？」

「先生、仰る通り、確かにあります。ナーガセーナ長老殿、この世には、違うことのない驚異的な実現力を持つ真実のことばというものがあり、それを頼りに、みずから立てた誓いのことばを守り抜く人が、その誓いのことばを守り抜いて違うことのない驚異的な実現力を持つ真実のことばに仕立て上げようとすることによって、諸天をして雨を降らしめ、火を消させ、毒を無毒にしたり、その他、望む大願をことごとく実現するのです。」

「大王様、それならば、シヴィ王に天眼が生じたのは、守り抜かれて違うことのない驚異的な実現力を持つようになった真実のみずからの誓いのことばの力（サッチャ・バラ）によってである、というのは、このことに完全に符合します。大王様、ものを見る眼という根拠がなくとも、その驚異的な実現力を持つ真実のことばの力によって、天眼が生ずるのであります。なぜなら、その違うことのない驚異的な実現力を持つ真実のことばそのものが、天眼が生ずることの根拠になるからであります。

大王様、たとえば、呪文（真実語、真言《しんごん》、そのことばに込められた大願を違うことなく実現する驚異的な力を持つ真実のことば）を操ることの出来る修行者たちが、『大いに雨よ降れかし』との呪文を唱えたとして、その者たちが呪文を唱えたとたんに雨が降るでありましょう。大王様、この場合、天空に大雨を降らせる原因があらかじめあって、それによって大雨が降るのでありましょうか？」

「先生、そうではありません。その場合、呪文そのものが大雨が降る原因です。」

「大王様、それと同じように、天眼がおのずから生ずるいわれはありません。誓いのことばを守り抜いて違うことのない驚異的な実現力を持つ真実のことばこそが、天眼が生ずるいわれなのであります。

大王様、たとえばまた、そのような驚異的な実現力を持つ真実語としての呪文を操る者たちが、『大きく燃え上がった炎よ、消え失せかし』と呪文を唱えるとして、その者たちが呪文を唱えたとたん、大きく燃え上がった炎は、あっという間に消え失せるでありましょう。大王様、その、大きく燃え上がった炎にそれが消え失せる原因があらかじめあって、それによって、大きく燃え上がった炎がたちまちのうちに消え失せるのでありましょうか？」

「大王様、そうではありません。この場合、そうした驚異的な実現力を持つ真実語としての呪文こそが、その、大きく燃え上がった炎がたちまちのうちに消え失せさせるのです。

大王様、それと同じように、天眼がおのずから生ずるいわれはありません。誓いのことばを守り抜いて違うことのない驚異的な実現力を持つ真実のことばこそが、天眼が生ずるいわれなのであります。

大王様、またたとえば、呪文を操る者たちが、『ハラーハラなる猛毒よ、解毒剤になれかし』と呪文を唱えたとして、その者たちが呪文を唱えたとたん、ハラーハラなる猛毒は、たちまちのうちに解毒剤となるでありましょう。大王様、そのハラーハラなる猛毒のうちに猛毒を解毒剤にする原因があらかじめあって、それによって、猛毒が解毒剤に変るのでありましょうか？」

「先生、そうではありません。その場合、呪文こそが、猛毒を解毒剤にする原因なのであります。」

「大王様、それと同じように、天眼がおのずから生ずるいわれはありません。誓いのことばを守り抜いて違うことのない驚異的な実現力を持つ真実のことばこそが、天眼が生ずるいわれなのであります。」

＊

宮元　さてと、法師たちを介して仏教に忍び込んだ、ヴェーダの宗教に由来する唯名論の、三つのキーワードがこれで揃いました。大相撲の三役揃い踏み、歌舞伎なら三枚の看板役者が揃ったといったところですね。確かめておきましょう。

a）真実のことば（パーリ語で sacca、サンスクリット語で satya）

b）真実のことばの力（同じく、sacca-bala、satya-bala）

c）真実のことばに仕立て上げること（パーリ語で sacca-kiriyā、サンスクリット語に該当の

ボキャブラリーなし）

で、「真実のことばに仕立て上げること」がどのように為されるかは、先程「みずからが立てた誓いのことばを、如何なることがあっても守り抜くこと」によってだと訳しました。少し先走ったかも知れませんが、「みずからが立てた誓いのことば」がまず有ることを、明瞭に示す逸話が、今の話のすぐ後に紹介されます。それを以下、読んでいきます。お分かりかと思いますが、「みずからが立てた誓いのことば」とは、菩薩の誓願に直結するものなのですね。

では、続きを読みます。

「大王様、アソーカ法王（マウリヤ朝マガダ国第三代の王、サンスクリット語で「アショーカ王」、漢訳で「阿《あ》育王《いくおう》」）が、首都パータリプッタ（現、ビハール州都パトナー）で、市内在住の人々、外から訪れた人々、家臣、軍隊、大臣たちに取り囲まれているなかで、新たに流れ込んでくる水で堤防の高さぎりぎりまで水かさを増した、長さ五百ヨージャナ、幅一ヨージャナのガンジス川を眺め、家臣たちにこう語りかけました。」

さて、アソーカ、あるいはアショーカ王は、歴史上本当に活躍した人物ですが、皆さんはこの王様について、どれぐらい御存知なのでしょうか？

黒木　仏教に多大な支援をした王様で、と、あと何だったかなあ？
澤口　北インドに広大な王国を築き、特に西方の国々——その中にはギリシアもあったと思うのですが、そこに友好関係を結ぶために使節を送り、ただの軍事力でなく、普遍的な法と秩序によって内外の政策を進めるとして、それを各地の石に刻ませたと、それで良いのでしょうか？
宮元　はい、その通りです。石に刻ませたと、それには大きな岩の表面を磨いて文字を刻んだ摩崖法勅《ほうちょく》、大理石で拵えた円柱に文字を刻んだ円柱法勅とがありますね。ゴータマ・ブッダが目覚めた人ブッダとなられてから、初めて教えを説いた（初転法輪《しょてんぼうりん》）の地、サールナートに建立された円柱法勅は、上部に獅子が彫刻されておりまして、現在のインドの国章とされています。インドの紙幣にはその獅子の部分が印刷されています。
それはともかく、アショーカ王が西方諸国に使節を派遣したことは、各国で記録されておりまして、それによってアショーカ王の在位年代、即位年が、かなり狭い範囲に絞り込めるのですね。古代インド史の年代論は、これを最大の論拠としているのですよ。もう故人となられましたが、山崎元一先生がこの点について、専門的なものばかりでなく、一般の人にも易しく、かつ正確に説明する本を幾つも出しておられますので、是非探して読んでみてください。
それから、アショーカ王は先程から何回も触れましたように、仏蹟やその巡拝路の整備に尽力され、仏教が大きく勢力を拡大するきわめて大きな機会を与えてくれた王様ですが、一応誤解なきように言っておきますが、アショーカ王は仏教だけを庇護し、外道を排斥したというのではまったくありません。長いインドの歴史で、国王が特定の宗派だけを庇護し、他の宗派をあからさまに弾圧した例は、ムガル朝第五代皇帝のアウラングゼーブを除いてはありません。宗教弾圧史でしかないのかと思いたくなるようなヨーロッパ史とは、まるで違いますので念のため。

さて、次を読み進めましょう。

「『見るがよい。誰か、この大ガンジス川の流れを逆流させることの出来る者はいないであろうか？』

家臣たちは答えました。

『大王様、それは難しいでありましょう。』

丁度そのとき、ガンジス川の岸辺にいた遊女ビンドゥマティーが、その王のことばを伝え聞きました。彼女はこう言いました。

『私は、パータリプッタの都城に住む遊女で、春を売ることで生活の糧とするという、賎しい生活を送っております。大王様には、まずは私の誓いのことばの力をご覧いただくことにいたします。』

そこでその遊女は、みずからが立てた誓いのことばを、違うことのない驚異的な実現力を持つ真実のことばに仕立て上げました。遊女がそれを為すや否や、大ガンジス川は、大群衆の目の前で、轟々と音を立てて逆流しました。王は、大ガンジス川が渦を巻き、その勢いで生じた轟音を耳にして大いに驚き、家臣たちに問われました。

『見るがよい。この大ガンジス川が逆流するのはなぜなのか？』

『大王様、ビンドゥマティーという名の遊女が、陛下のお言葉を伝え聞き、みずからが立てた誓いのことばを、違うことのない驚異的な実現力を持つ真実のことばに仕立て上げました。すると、たちまち、大ガンジス川は逆流したのであります。』

王は大いに心を動かされ、みずから急いでその遊女のところに赴き、こう問われました。

『そなたが、みずからが立てた誓いのことばを、違うことのない真実のことばに仕立て上げたというのは本当のことか？』

『大王様、その通りでございます。』

王は問われました。

『なぜ、そなたたにそのような力があると言うのか？　そもそも、そなたごとき者のことばを、誰が真に受けると言うのか？　数ならぬ身に過ぎないそなたごとき者が、いかなる力によってこの大ガンジス川を逆流させたと言うのか？』

『大王様、私は、違うことのない驚異的な実現力を持つ真実のことばの力によって、この大ガンジス川を逆流させたのでございます。』

王は問われました。

『そなたごときの者に、そうした真実のことばの力がどうしてあろうか？　そなたは、自堕落で、誠のかけらもなく、放埒・放縦で、罪深く、法を破り、まともな判断も出来ない愚か者たちから財を奪うだけの者ではないか。』

『大王様、私がそのような者であることは、その通りでございます。けれども、そのような者でありましても、私は、みずからが立てた誓いのことばを、違うことのない驚異的な実現力を持つ真実のことばに仕立て上げることが出来、私が望みさえすれば、諸天や人々をお思いのままに動かすことが出来るのでございます。』

王は問われた。

『では、そなたには、どのような誓いのことばがあると言うのか？』

『大王様、私は、財を下さるお方であれば、クシャットリヤのお方でも、婆羅門のお方でも、ヴァイシヤのお方でも、シュードラのお方でも、誰かれの区別をすることなく、そのお方に分け隔てなくお仕えいたします。シュードラのお方だからといって軽蔑いたしません。私は、自分の好き嫌いを離れて、財を持つお方にお仕えいたすのでございます。大王様、これが、私の誓いのことばであり、その力によってこの大ガンジス川を逆流させたのでございます。』」

さて、長々しい引用になりましたが、ここをしっかりと押さえて置きませんと、『ジャータカ』の菩薩がゴータマ・ブッダの前生に限定されている所から、大乗仏教の、誰でも菩薩の行、つまり、まず布施であれ何であれ、戒定慧の三学とはまったく違う次元で、在家信者でも、その気概がありさえすれば菩薩の行に入り、やがては目覚めた人ブッダになれるのだとの考えが、どうして生まれたのかを明瞭に捉えることが出来ないのですね。

＊

宮元　西暦紀元後二世紀半ばから三世紀半ばの期間に活躍した、大乗仏教最初の学派である中観派の開祖とされるナーガールジュナ（龍樹）に帰せられる『大智度論』という、今のところ漢訳でしか読めない文献がありますが、その中で、菩薩の行《ぎょう》がいかに困難を窮めるものかを語るエピソードが紹介されています。史実ではまったくないことだけは確かなのですがね。

それによれば、これは本当にいた仏弟子のトップ、サーリプッタ（舎利弗《しゃりほつ》、舎利子《しゃりし》）は、初め布施行に専念する誓いを立てたとされます。先に見た、シヴィ王と同じですね。で、これもシヴィ王の伝説と同じようなのですが、あるときサーリプッタは、ある翁から、お前の眼が欲しいと乞われ、激痛に耐えながら小刀で自分の眼を一つ抉り出し、その翁に渡しました。するとその翁は、それを鼻で嗅ぎ、何じゃこんな臭いもの、と言って足元に叩きつけ、あまつさえそれを足でぐりぐりと踏みにじりました。サーリプッタは、一瞬、瞋りの感情に囚われました。

と、そこでサーリプッタは決断します。私には、菩薩の行は向いていない、お釈迦様の弟子として、出家の集団に身を寄せようと。

シヴィ王は、ゴータマ・ブッダの前生ですが、サーリプッタは、シヴィ王のようには行かなかったというそのような話です。

＊

宮元　ということで一息入れましょう。次にはいよいよ大乗仏教の核心に迫ることになりますので、英気を養っておきましょう。また、三種の乾燥ベリーが入ったブラウニーがありますので、紅茶なり、ハーブティーなりで楽しんでください。
これからは、一気呵成の話になると思いますので、たっぷりと、二十分の休憩といたしましょう。

2　大乗仏教の菩薩の行の核心

A　『大無量寿経』

宮元　さて、初期大乗経典のうち、『大無量寿経』を取り上げることにします。ここには、菩薩の行のプロセスが実に分かり易く説かれていますので。

はるか昔、法蔵比丘という人物が、世自在王如来《せじざいおうにょらい》のもとで、自分はすべての仏国土《ぶっこくど》（浄土）の最上の美点を集約した新たな仏国土を建立したいと願いました。そこで如来は、すべての仏国土の有り様を比丘に見せました。

それから比丘は、どのような誓願を立てればそのような壮大な仏国土の建立が可能かと、実に、五劫《こう》の長きにわたって考え抜いた（五劫思惟《しゆい》）後、漢訳では四十八願、サンスクリット語原典では四十九願を立てました。

このことについて、皆さんはどれぐらい御存知でしょうか？

澤口　五劫思惟仏の像、イラストですが見たことがあります。髪が増えに増えて、巨大な帽子を被ったように見える、珍しい仏像です。それから、落語の「寿限無」に「五劫の擦り切り」とあるのはここから来ているのと、何かの本で読んだことがあります。

宮元　はい、一辺が一ヨージャナ、はっきりはしないのですが、おおよそ十キロメートルの立方体の石（盤石《ばんじゃく》）があり、百年に一度、天人がそこに舞い降り、最高級の軽い絹の衣の裾でそれをさっと撫でると。すると目に見えない程とはいえ、石は擦り減りますね。こうしてこの巨大な石が擦り切れてなくなっても、まだ一劫に満たないと、これが有名な盤石劫の話です。その五倍の時間、思惟したというのですから、髪は伸び放題ですね。

黒木　相撲に「四十八手」というのがありますが、関係があるのでしょうか？

宮元　そうですね、考え得るあらゆる項目を立てるという点では同じでしょうね。ただ相撲の決まり手は四十八どころではなく、百手ぐらいあるのではないでしょうかね。こんな技、人間に出来るのかしらと思ってしまうものも含まれていて、興味をそそられますね。

＊

宮元　さて、法蔵比丘はそれから、布施波羅蜜を始めとする六波羅蜜や、その他菩薩に相応しい行いと態度を貫き、気の遠くなるほど長く、みずからが立てた誓願のことばを守り抜き、そしてついにそれを違うことのない驚異的な実現力を持つ真実のことばに仕上げ、その真実のことばの力によって、みずからは阿弥陀という名の仏となり、極楽世界という壮麗な仏国土を建立することとなりました。

浄土真宗などでは、その真実となった誓願のことばは修行の出発点に立てられましたので、現在からみれば本の誓願、つまり本願、その力ですから、本願力《ほんがんりき》、またそれは私たち凡夫にして見れば、絶対に頼りになるものですから、本願他力といわれます。他人任せのいい加減さを「他力本願」と言いますが、まったく意味が違いますので、要注意です。

さて、「誓願」あるいは「願」と漢訳されるサンスクリット語は、「プラニダーナ」と言います。「みずからの前方に（プラ）、据え（ニ）置くこと（ダーナ）」がその原義で、かつては

「約束」ほどのことを意味しました。

　ジャイナ教やヒンドゥー教では、こうした場合「ヴラタ」という語が用いられますが、仏教はそれを避けたのですね。ただそれを説明すると長くなりますし、本題からかなり外れますので、今回は止めて置きます。

＊

宮元　さて、ここでインド独立の父ガーンディーの話をしておこうかなと思います。ガーンディーはヒンドゥーで、仏教を直接知ることはありませんでしたが、ヒンドゥー教の根っこはヴェーダの宗教で、その最大の特徴はことばが世界を創るという唯名論です。で、結果的に大乗仏教の菩薩の行とそっくりなことを語り、実行したのですよ。

　ガーンディーは、イギリスで弁護士の資格を取ってから間もなく、イギリスが統治していた南アフリカの、インド人季節労働者の基本的人権を守る活動をし、大きな成果を上げ、その後インド本土での農工業の争議で労働者の権利を守る運動を展開し、その実力を買われ、ついにインド独立運動のリーダーに迎えられました。

　南アフリカでの民衆運動以来、ガーンディーは、運動の精神を「サッティヤーグラハ」と呼びました。分解すると「サッティヤ・アーグラハ」です。「真理把持」などと訳されることが多いのですが、まったくの誤訳です。

そうではなく、直訳すれば「真実のことばへの執著」です。そして、ガーンディーはこの運動に参加する人々が必ず守ってもらいたい原則を二つ挙げました。それは何だと思いますか？

黒木　はい。ガーンディーといえば「非暴力」ですね。もう一つは何でしたっけ？

澤口　「不服従」だったと思いますけど。

宮元　そう、非暴力と不服従です。よく、非暴力と無抵抗などと言われることがありますが、まったく困ったものです。非暴力ながら、非は非として徹底的に抵抗するのですからね。また、これも誤解されていることですが、ガーンディーは、単純な反戦論者ではありませんでした。

南アフリカでは、オランダ系のボーア人が起こした反乱を武力で制圧するイギリスの、後方支援を買って出たり、第二次大戦で日本軍がビルマからインド侵攻を窺っているとの情報に接しても、自分は自ら銃を執ることはないけれど、インド防衛戦の後方支援を断固行うと明言しています。

で、「サッティヤーグラハ」ですが、これはみずからが率いる民衆運動に参加する人は、非暴力と不服従を、いかなる困難があっても守り通すことを、まずは意味します。これは、菩薩が初めに立てる誓願とまったく同じです。

つまり、非暴力・不服従との誓いのことばを守り抜くことによって、その誓いのことばを、違うことのない驚異的な実現力を持つ真実のことばに仕立て上げる、そうして真実のことばとなった誓いのことばの力によって、大願を成就することを目指す、と、そういうことなのですよ。

＊

宮元　で、皆さん、菩薩の行やサッティヤーグラハみたいな超本格的なものではなく、ミニ、ミニ、ミニ菩薩の行が、実は私たちの身近なところで行われることがあるのですが、何か分かりますか？

黒木　どのようなことでしょうか？

宮元　澤口さんはどうですか？

澤口　私ですか？　私も見当が付きませんが。

宮元　「お茶断ち」って御存知ですか？

澤口　話には時々聞きますね。例えば受験のとき、自分の子が志望校に合格しますようにと、その願いが叶うまで好きなお茶を飲まないとか、やはり自分の子が大病に罹ったとき、完全に治癒するまでお茶を飲まないとか、あれですか？

宮元　その通りです。上方落語には、時々「鯖断ち」などというのも話に出ますね。昔、上方の大衆魚は何を措いても鯖でした。江戸っ子ならば鰯や秋刀魚でしょうかしらね。それから

「薬断ち」というのもありますね。

　徳川三代将軍は家光ですが、まだ竹千代との幼名で呼ばれていたとき、疱瘡、つまり天然痘に罹りました。当時は死亡率がかなり高い、大変な感染症でした。そこで、乳母のおふくさん、後の春日局ですが、薬断ちを敢行しました。それも凄まじく、竹千代君が平癒してもそれを続け、あろうことか死ぬまで続けました。

　高齢となり体調不良が続くと、周りの人たちが薬湯を出すのですが、有難うと言って、誰も見ていない時に庭にそれを捨てたと伝えられています。

＊

宮元　さて、ちょっと休憩しましょう。と言いますのも、次の話は、恐らく皆さんにはあまり馴染みのないものだろうと思います。その前に頭を少し休めて置くのが賢明かと。休憩時間は十分としましょう。

B　『般若波羅蜜心経』（大本）

宮元　これから、『般若波羅蜜心経』の「大本」を読みます。これは、皆さんも御存知かと思いますが、玄奘三蔵訳の『般若波羅蜜多心経』は、多くの仏教の宗派でよく読誦されますね。

これは、実は「小本」の漢訳なのです。大乗経典は、基本的には「序分《じょぶん》」「本分《ほんぶん》」「流通分《るづうぶん》」というスタイルを持っています。「流通分」は結びのことばに相当するのですが、経典の内容がどのような人々、あるいは広く生類に、喜んで迎えられたのかを説くことを主眼とする部分です。大本はこのスタイルをきちんと取っていますが、小本は本分だけで成り立っています。

この経典を理解するためには、「波羅蜜《はらみつ》」とは何か、「空《くう》」とは何か、「出家よりも在家の方が優位に立つ」とする初期大乗仏教の考えの基本は何か、最低限これらを理解する必要がありますが、全体を読んでから説明した方が分かり易いだろうと考えます。私の訳ですが、プリントを渡しますね。

馴染みのないことばがたくさん出て来ると思いますが、まずはざっと目を通すことにします。底本とするサンスクリット語原典は、中村元訳『般若心経・金剛般若経』（岩波文庫）所収のものです。

「全智なるお方に敬礼し奉ります。

以下のように、私は聞きました。

ある時、幸あるお方は、王舎城《おうしゃじょう》の霊鷲山《りょうじゅせん》で、たくさんの比丘の集団と、たくさんの菩薩の集団とともに滞在しておられました。その時、幸あるお方は「深い正しい目覚め」と称せられる三昧に入っておいででした。

さて、時に、大士である聖《しょう》観音菩薩は、深い般若波羅蜜を目指す行《ぎょう》を修しながら、自身を構成する成分は五つ（五蘊《うん》）あると見究められ、そしてそれらが何れも中身が空っぽのものであると見究められました。

さて、舎利弗長老は、ブッダの心境に感応《かんのう》することによって、聖観音菩薩に次のように問い掛けられました。「誰であれ、良家の息子（善男子《ぜんなんし》）が深い般若波羅蜜を目指す行を修したいと願ったならば、どのように修すれば良いのでしょうか？」と。

このように問われて、大士である聖観音菩薩は、舎利弗長老に次のように答えられました。

「誰であれ、良家の息子、良家の娘が深い般若波羅蜜を目指す行を修したいと願ったならば、次のように見究めなければならない。『自身を構成する成分（蘊、陰《おん》）は五つある』と。そうすれば、その人は、それらが何れも中身が空っぽのものであると、完全に見て取ったことになる。

色かたち（自身の身体）は、目の当たりに中身が空っぽのものであり、目の当たりに中身が空っぽのものが色かたちなのであり、目の当たりに中身が空っぽのものは、色かたちと異なるものではなく、色かたちは、目の当たりに中身が空っぽのものと異なるものではなく、およそ、色かたちは、目の当たりに中身が空っぽのものであり、およそ、目の当たりに中身が空っぽのものは、色かたちである。感受作用も、識別作用も、記憶などの作用も、判断作用も、同じく、目の当たりに中身が空っぽのものなのである。

このように、舎利弗君、自身にまつわるすべての事象は、中身が空っぽであることを特質としており、生ぜず、滅せず、汚からず、浄からず、減らず、増えず、なのである。

それ故、自身にまつわるすべての事象が中身の空っぽのものであるからには、色かたちは無く、感受作用は無く、識別作用は無く、記憶などの作用は無く、判断作用は無く、視覚器官は無く、聴覚器官は無く、嗅覚器官は無く、味覚器官は無く、触覚器官は無く、思考期間は無く、視覚の対象は無く、聴覚の対象は無く、嗅覚の対象は無く、味覚の対象は無く、触覚の対象は無く、意識の対象は無く、視覚器官と言う知覚要素は無く、と言うことから始まって、思考器官と言う知覚要素、意識の対象と言う知覚要素、意識と言う知覚要素に至るまでのものは無く、明智《みょうち》は無く、無明《むみょう》は無く、無明の滅は無く、と言うことから始まって、老・死は無く、老・死の滅は無く、に至るまで、及び、苦聖諦は無く、苦集聖諦は無く、無滅聖諦は無く、苦滅道聖諦は無く、智慧は無く、彼岸に到ることは無く、彼岸に到らないことは無い。

それ故、舎利弗君、彼岸に到ることが無いのであるから、菩薩は、般若波羅蜜を拠り所として、心に覆《おお》いの無い者となる。心に覆いが無くなるのであるから、菩薩は、不安を憶えることが無く、迷乱を克服し、涅槃《ねはん》に安住した者となる。

過去世・未来世・現在世の三世《さんぜ》にましますすべての仏たちは、般若波羅蜜を拠り所とすることで、この上無い正しい目覚めをしっかりと得られたのである。

それ故、次のように知らなければならない。すなわち、般若波羅蜜は、大いなる真言であり、大いなる明智による真言であり、この上無い真言であり、すべての苦を鎮める真言であり、違うことがないが故に、驚異的な実現力を持つ真実のことばである、と。

般若波羅蜜と同等の力を持つ真言が、すでに説かれている。それは、次の通りである。

　到ることよ、到ることよ、彼岸に到ることよ、(gate gate pāragate)
　彼岸に完全に到ることよ、目覚めることよ、弥栄《いやさか》！(pārasaṃgate bodhi svāhā)

舎利弗君、深い般若波羅蜜を目指す行を修する時には、菩薩は、以上のように修しなければならないのだ。」

その時、幸あるお方は、かの三昧から起《た》って、聖観音菩薩のことばに賛意を示されました。まことに善い、まことに善い、良家の息子よ、まさにその通りだ、良家の息子よ、汝が説き示した通りに、深い般若波羅蜜を目指す行を修するのでなければならない、そうすれば、その修行は、善きお方（仏）たちと阿羅漢たちから、喜んで迎え入れられるのだ、と。

このように、幸あるお方は、喜びに満ちた心で語られました。舎利弗長老と、聖観音菩薩と、すべての参集者たちと、天・人《にん》・阿修羅《あしゅら》・ガンダルヴァ（乾闥婆《けんだつば》）を含む世間とは、幸あるお方のことばを、たいへん喜びました。

以上で、般若波羅蜜心経は終了。」

＊

宮元　さて、まずは般若波羅蜜、その中核の「波羅蜜《はらみつ》」とは何かに迫ることにしましょう。

先程の私の訳で、「大士である聖観音菩薩が、深い般若波羅蜜を目指す行を修しながら」とある個所の、とりわけ「波羅蜜を目指す行を修しながら」の文言に集中しましょう。

そこで、ちょっと皆さんには労力を課すことになるのをご承知いただきたいのです。勿論、これからサンスクリット語の文法体系のすべてに突入してもらうのではありませんので、ご心配は無用です。

この本では、「波羅蜜」に相当するサンスクリット語は「パーラミター」pāramitāとなっています。ところでこの本の最後の方で、「到ることよ、到ることよ、彼岸に到ることよ、彼岸に完全に到ることよ」とありますが、「彼岸に到ること」の言語は、pāra-gatiです。このgatiというのは、「行く、赴く、到る」を意味する動詞語根gam-の、名詞派生語です。同じことを意味する動詞語根に、i-というのがあります。「彼岸に到ること」は、i-の名詞派生語でいえば、pāra-itiになりますが、aとiの母音の繋がりは、サンスクリット語では面倒なことですので、「彼岸」pāraの対格（目的語、到る先）のpāramと併せて、pāram-itiが、本書冒頭の「波羅蜜」、「彼岸に到ること」だったのです。

ところが、初期大乗経典の作成に携わった非僧非俗の法師たちは、幼い頃からみっちりと正規のサンスクリット語文法学を仕込まれたエリートの婆羅門とは違い、ヴェーダの宗教の唯名論を伝えるためにサンスクリット語を用いたとはいえ、とてもブロークンなサンスクリット語、これを学術的には「仏教混淆サンスクリット語」（Buddhist Hybrid Sanskrit）と言いますが、そうした、変則的なサンスクリット語を用いたのです。

さて、「深い般若波羅蜜を目指す行を修行しながら」の部分ですが、「深い」と「般若」に相当する原文を省けば、pāramityām caryām caramāṇo となります。というか、正規のサンスクリット語ならばそうなるのですが、pāram-itiは、-iで終わる女性名詞で、ブロークンなサンスクリット語しか出来ない人にはこれが苦手で、pāramityām を、pāramitāyām にしてしまったのですね。皆さんも、サンスクリット語の初等文法を学ぶとしますと、まずは名詞組織の格変化から入りますが、その冒頭は、-aで終わる男性名詞、あるいは中性名詞、そして、-āで終わる女性名詞から始まります。今のpāramitāyāmは、元の形をpāramitiではなく、pāramitāだとしてしまったのですね。ここから本末転倒も良いところで、「波羅蜜」という漢訳語は、pāramitā の音写語だとされてしまったのですね。

＊

宮元　さて、pāramitāyām caryām caramāṇo ですが、pāramitāyām は、こうした曲折があって「彼岸に到ること」という、動詞を直に名詞化した語の扱いとなりまして、そうした動詞から直に派生したを処格（「～において」）に、「行ずる」を意味する動詞 car- が連動しますと、「～を目指して行ずる」となります。そして、ここでは caryām は、「行ずること」の対格（目的格）ですので、「彼岸に到ることを目指す行を」となり、それを対格とするさらなる動詞 car- は「そうした行を修する」となります。

で、「彼岸に到ることを目指す行を修しながら」という意味で、「深い般若波羅蜜を目指す行を修しながら」と訳されるわけです。

玄奘三蔵訳では、この部分には「行深般若波羅蜜多時」とありますが、「深い般若波羅蜜を行じし時」で、とんでもない大誤訳なのですね。玄奘訳の『般若波羅蜜多心経』は、のっけから誤訳だと、これ千数百年、誰も指摘して来なかったですね。ま、分からないとは神秘的だということで、とても凡夫には知り得ない秘密が隠されているのだろうと、まこと、馬鹿馬鹿しい解釈が今に至るとはね。

なお「目覚めることよ」は、正規のサンスクリット語の呼格ならばbodheであるべきですが、パーリ語などの非正規のサンスクリット系言語の呼格ではbodhiです。時々変な解釈が見受けられるので要注意です。

それから、玄奘の誤訳はまだまだ続きます。乞うご期待です。

＊

宮元　さて、次に私が「中身が空っぽ」と訳したのは、漢訳では「空《くう》」、サンスクリット語では「シューニヤ」です。一切は空であるって、聞いたことがありますか？
黒木　はい。何かに執著することは、悩みや苦しみの元ですから、執著する対象なんか空でしかないと、そう考えると執著の心は鎮まると、仏教書ではお馴染みの話のように思いますが。
澤口　私もそうした話はよく耳にするし、そのようなことを書いたものを読んだりして、まあ余計な執著から離れるには悪くない話だと、それぐらいの感覚でいますが。
宮元　なるほどね。実践的には、それはそれで良いかも知れませんね。それを敢えて非難するつもりはないのですが、この「一切は皆な空である」って、理解出来ますか？　これまでの話で、皆さんは形而上学的ではないらしいとは言え、少なくとも素朴な実在論者のようですね。「一切は空である」を単なる気分として受け止めるのに何か問題があるという訳ではないのですが、理論的にはどうでしょうかしらね。

以下、語源解釈を行いますが、あらかじめお断りして置きたいことがあります。それは、「一切は空である」とする主張の根拠は、あっけないほど単純だということです。

まず、「膨脹する」を意味するサンスクリット語の動詞語根「シュヴァー」(śvā-) がありまして、膨脹した結果、つまり世界の森羅万象は、「シューナ」(śūna) です。何が膨張したのか、もう皆さんもお分かりのように、ことばです。「膨脹する」を意味する動詞語根 bṛh- から派生した名詞、brahman、ブラフマンが、ヴェーダ聖典のことばとして、世界の森羅万象を創り出す力を持つとは、もう皆さんにはお馴染みの話ですね。

同じことです。シューナは、ことばが膨脹して創り出された森羅万象に他ならないのです。で、śūna から派生した形容詞は、śūnya となります。これは、śūna 的な、とか、śūna 特有の、とかの意味になりますね。では、お訊きします。ことばが膨れ上がって出来た、というところから、何をイメージしますか?「膨れ上がって出来たもの」といえば、何を連想しますか?

黒木 風船、でしょうか?

澤口 私はシャボン玉を連想します。

宮元 では、風船にせよ、シャボン玉にせよ、その特徴は何だと思いますか? あ、誘導尋問になるかも知れませんが、鴨長明の『方丈記』の冒頭の有名な文言、「よどみに浮かぶうたかたは、かつ消えかつ結びて、久しくとどまりたるためしなし」の「うたかた」、つまり「あぶく」、「泡」でも同じことですが、どうでしょうか？

澤口　先生の誘導尋問にひっかかった気がしないでもないのですが、中身が空っぽ、ということですか？

宮元　はい、その通りです。ことばが膨張して出来た事象は、いわばシャボン玉、あぶくのようですね。で、その形容詞ならば、「シャボン玉的な」とか「あぶく的な」ですね。つまり、「シューニヤ」（śūnya）とは、「中身が空っぽな」を意味します。

皆さんの年齢を考えますと、一九八〇年代の終わりごろから数年間の日本のバブル経済とか、その破綻とか、実感されてはいないとは思いますが、そのことば自体は御存知ですか？

黒木　バブルが弾けて日本経済がどん底に落ちたという、あれですね。話にはよく聞きますけど、実感したようには思いませんが。

澤口　私もそうです。でも両親から、あれはとんでもない時代だった、悪夢みたいなものだったのかも知れないと、かなり詳しく聞いています。

宮元　それなりに御存知なのですね。安心しました。で、話を元に戻して、「一切は空である」というのは、ただのことばが膨れ上がった、中身の空っぽ、と、そうしたことを意味しているのですね。

ですから、これはブラフマンが世界を創ったと同じことで、ヴェーダの宗教の伝統的な思考からすれば、つまり唯名論という観点からすれば、何の証明も必要のない、ごく当たり前の話なのです。

大乗仏教の主流は、一切は空であるとし、大乗仏教最初の学派である中観派の開祖、ナーガールジュナ（龍樹）は、実在論者たちのことば尻を捉えて、それをあろうことか実在論者たちのことばを悪意をもってねじまげながら「論証」することに血道を上げましたが、少なくとも実在論を生命感覚、生活感覚として生きている私には、お門違い、痛くもかゆくもない、ただのいちゃもん付けの議論に執心しているとしか思えないのですがね。

＊

宮元　それはともあれ、般若波羅蜜は真言でありうんぬんとありますように、到達目標、つまり彼岸に到ることと、そこを目指すのだとする最初の誓いのことばとが、同一視されていますね。こうしたことがあるので、中国仏教でも、日本仏教でも、「波羅蜜」を語源からきちんと解釈する営みがまったく見られなかったのです。
『般若波羅蜜心経』と並んで、禅宗では鳩摩羅什《くまらじゅう》訳の『金剛般若波羅蜜経』が重視されます。ところがサンスクリット語の原題からすれば、後のインド留学体験のある義浄の訳のように、『能断金剛般若波羅蜜経』なのですよ。「この世で最も堅固な金剛（ダイヤモンド）すらも断ち切るほどの、驚異的な力を持つ般若波羅蜜を説く経」という意味です。

ですから鳩摩羅什訳の原題は誤訳ですし、ましてわが国では、これを略して『金剛般若経』とか、また、あろうことに『金剛経』とし、「金剛のようにすばらしい経」と解釈するなどとんでもない話になっているのです。鈴木大拙さんに至っては、英語でDiamond Sutraとし、これが世界に広まっているのは、がっかりの限りです。

＊

宮元　さて、般若とはプラジュニャーの音写語ですが、意味は「智慧」です。ですから般若波羅蜜とは、智慧の獲得に専心することで彼岸に到ること、を意味します。

菩薩の行としての波羅蜜は、智慧によるものだけでなく、計六つが数えられます。いわゆる六波羅蜜です。布施波羅蜜、持戒波羅蜜、忍辱《にんにく》（辱めに耐えること）波羅蜜、精進（勇猛果敢）波羅蜜、禅定波羅蜜、そして般若（智慧）波羅蜜です。

＊

宮元　さて、「無い」という語が連なるところがありますね。これは、ゴータマ・ブッダが弟子たちに説いた、五蘊説、十二処十八界の知覚要件一覧説、十二因縁説、四聖諦説、そして以上の教えを筏として彼岸に渡ること、これをすべて無用の長物扱いしているのです。それらの教えは、レベルの低い仏弟子（声聞《しょうもん》）向けの子供騙しの教えで、菩薩の道にとっては却って邪魔になるとするのです。

この出家である声聞を低レベルと切り捨てる態度は、『法華経』の「方便品」に、もっと露骨に示されます。

声聞は、どんなに努力をしても、阿羅漢と名付けられる一介の人間であり、決して仏には成れないとされて来ましたから、菩薩の道を進んで仏になることを熱く目指す人々、特に法師や法師に指導された在家信者の道には遥かに及ばない、という訳です。

やがてこのような菩薩の道を讃える人々は、自分たちのための教えを「大いなる教え」という意味で「大乗」と名乗り、出家優先の声聞たちのための子供騙しの教えを「欠陥だらけの教え」という意味で「小乗」と貶称しました。「小乗」は軽蔑した悪態でしかありませんので、上座部仏教を「小乗」と呼ぶのは、感心したことではまったくありませんので、要注意です。

＊

宮元　『般若波羅蜜心経』の「本分」の終わりの所で、彼岸に到ることと目覚めとが同格で並べられていますが、大乗仏教では、どちらも目覚めた人ブッダ（仏）に成ることを意味します。

ですから、彼岸に到ることを目指す行も、目覚め（ること）を目指す行も、同じことを指すことになります。

初期大乗経典では、「～般若波羅蜜～」というタイトルになっているものは言うまでもなく、「波羅蜜」の語が溢れるように用いられています。

ところが、『維摩経《ゆいまぎょう》』や『勝鬘経《しょうまんぎょう》』などの中期大乗経典では、「波羅蜜」の文字が消え、目覚めることを目指す行としての「菩提行《ぼだいぎょう》」（bodhi-caryā）がそれに取って代わるようになります。何故なのか、私は次のように考えます。

初期大乗経典編纂の担い手は、非僧非俗の法師をリーダーとする在家信者たちです。この人たちは、みっちりとした体系的な教育を受けておらず、ブロークンなサンスクリット語を用い、難しい教義を展開することなく、仏や菩薩を、熱く、讃えに讃えることに専心しました。先程も説明しましたように、「波羅蜜」の原語 pāramitā は、正規のサンスクリット語文法を誤解したことで出来上がった述語です。

他方、西暦紀元後四世紀から六世紀に成立した中期大乗経典の編纂を中心的に担ったのは、正式の出家、それも学問僧でした。西暦紀元後二世紀半ばから三世紀半ばにかけて、大乗仏教最初の学派である中観派の開祖として活躍したナーガールジュナ（龍樹）は、二十歳になるまでは仏教ではなく、婆羅門教のエリートでした。ですから、龍樹の著作は、完璧に正規のサンスクリット語文法に則っています。婆羅門教のエリートたちは、幼い頃からサンスクリット語の文法をたたき込まれるのが普通でした。

そのせいで、『維摩経』では抑えきれないほどの熱いことばはほとんど見られず、途中からは経というよりもほとんど論になっています。『勝鬘経』も同じです。どちらも在家優位を説いているとは言いましても、かなりの学識がないと理解することは困難です。

ただ初期にせよ、中期にせよ、大乗仏教であることに変りはなく、暗誦に専心する集団、教団を形成することなく、書写し、配り、字が読めない人のためには、読める人が声高らかに読み上げることで、教えを広めて行ったのです。

『法華経』（鳩摩羅什訳では『妙法蓮華経』）の「法師品《ぼん》」や「法師功徳品」を読めば、その様子がありありと思い浮かびますが、学問僧の龍樹の著作でも、大乗仏教を広めるための必需品として、「紙と筆と墨」が挙げられています。

大乗仏教が初めて教団として確立されたのは、チベットにおいてでした。西暦紀元後六世紀、チベットは大乗仏教を建国の理念とする一大王国として統一されました。そのとき、王国の精神的な支柱に大乗仏教が据えられたのです。

インドには大乗教団はなかったから大乗仏教の実体もなかったという風に論ずる仏教学者もいますが、とんでもない間違いです。

例えば、世界的に一九七〇年前後には実存主義が力を持ち、それを良しとする哲学者がたくさん現れました。これについて、実存主義者だけが同じ場所で、集団で研鑽に励む教団みたいなものがなかったとはいえ、実存主義の広がりには実体がなかったなどという方がおかしいでしょ。それと同じようなことです。

ちなみに、大乗仏教を建国の理念としたチベット王国成立とほぼ同じ頃、わが国では聖徳太子が十七条憲法を掲げ、その理念を仏教に置きましたね。アジア全域で、仏教が理念上のグローバル・スタンダードだったのですね。

日本の正式な仏教受容は五三八年だとされていますね。その後の仏教受容派と排仏派の熾烈な争いだったわけですが、皆さん、日本史の授業などで憶えていますか？

黒木　はい。蘇我氏と物部氏が最後は武力で決着をつけた、あの話ですね。

澤口　えーと、その頃の話、里中満智子さんの漫画が好きで、すごくリアルに受け止めています。ただ聖徳太子は蘇我氏と組んでとありますが、聖徳太子に軍事を動かす力がどれほどあったのか、今でもよく分かりませんけど。

宮元　うーん、私も動かぬ史料をベースにした歴史学、考古学者ではありませんので何とも言えませんが、難波（大坂、大阪）の四天王寺は物部氏を破った戦勝のお礼として、聖徳太子が建立の発願をしたと伝えられていますね。まあ史実も伝承も、どちらも大切だとは思います。史実を歪めた伝承など、数え切れないほどありますが、そうした伝承を真に受けたさまざまな文芸があることは確かで、その歪められた史実の伝承も、これまた史実といえば史実ですね。これが分からないと日本文芸史が理解出来ないことにもなりかねませんからね。

それはそれ、これはこれ、と上手に受け止める智慧みたいなものが必要だと私は思います。

＊

宮元　さあ、いよいよ今回の一連の授業も、フィニッシュに向かいます。ここで一息つくことにしましょう。休憩時間は十分とします。

3　地蔵、虚空蔵、如来蔵、仏性

宮元　さて、授業再開。で、先にフィニッシュに向かってまっしぐらと言いましたが、ものごとには急がば回れという格言もあります。ちょっとだけですが、遠回りした方が話が早いこともありますので、大乗仏教と影響の遣り取りが盛んだったヒンドゥー教の哲学思想を概観することにします。思想史は前から後へばかりでなく、後から前を押さえるやり方も時には有効なこともあるものでしてね。

で、ターゲットとなる中期大乗仏教の話をBとし、ヒンドゥー教の話をAとします。

A　シャンカラ、ラーマーヌジャ

宮元　さて、今回の授業の始めの方で、ブラフマン、生類の主プラジャーパティ、ウッダーラカ・アールニの有などなど、ヴェーダの宗教に由来する哲学思想では、一元なるものからいきなり多様性が生まれるのではなく、ワンクッションとして一元が多様性を帯びた上で、初めて流出して森羅万象となるという考えが芽生えました。

　ほんの少し前にお話ししたことですが、プラジャーパティは自らが生んだ卵の中に入って、黄金の胎児となり、時が熟するとその卵の殻を破って、あたかも蚕が、自らが作った繭の中で蛹として育った末に、繭を破って羽を持つ蚕蛾として飛び立つように、世界の森羅万象を流出すると、また、ウッダーラカ・アールニの哲学では、根源の単一の有が、自らに由来する熱・水・食物の三元素に入り込み、それらを攪拌した上で、流出して森羅万象になったとされますね。この話、憶えていますか？

澤口　しっかり頭に刻み込まれています。蚕の幼虫が、自分で作った繭の中で蛹となり、やがて成虫の蛾となり、繭を破って空に舞うと、こんなドラマティックな話、忘れるはずもありません。

宮元　黒木さんはどうですか？

黒木　はい、澤口さんのいう通りですが、そうした蚕蛾という昆虫の変態のありさまが、インドの唯名論の根幹にあるということが、驚きそのものですが。

宮元　皆さん、かなり鮮明に頭に刻まれているようですね。おかげで話が早く進みそうで、安心しました。

＊

宮元　さて、シャンカラ、この名前が厄介なのですが、「初代（アーディ）」シャンカラなのです。というのも、初代シャンカラが開祖とされる、哲学学派として不二一元論、別名、幻影論、宗派として、シヴァ教で最大勢力を持つスマールタ派ですが、代々、総長というか管長というか、トップの人は皆、「シャンカラ」を名乗って今に至っているのです。で、ここではわざわざ「初代シャンカラ」というのです。西暦紀元後八世紀半ばの人です。まあ、今の所皆さんにはどうでも良いことかも知れませんが、研究者としてはこれを予め断っておかないと、何か気持ちが悪いものですから、悪しからず。

＊

宮元　シャンカラが属していた学派は、ヴェーダーンタ学派と言います。「ヴェーダーンタ」は、分けて言えば「ヴェーダ・アンタ」で、「ヴェーダ聖典の最終形態」、つまりウパニシャッド文献群の解釈学を使命とする学派です。

この学派の根本教典は『ヴェーダーンタ・スートラ』で、いつかははっきりとしませんが、一応西暦紀元が始まる少し前だとされています。バーダラーヤナの編纂とされていますが、内容は当時の学説が併記されているだけという印象が強く、そのため他の学派に比べて、それへの全面的な注釈書を完成したのは、まさにこのシャンカラが最初の人物だったのですね。

この時、各論併記風で統一感に欠ける感のあった根本教典を解釈するに当たって、シャンカラは純粋な唯名論を飽くまでも貫徹するために大鉈を揮いました。それは真実にはブラフマン＝ことばが有るのみで、第二のものは無いとする「不二一元」を勝義諦とし、多様な森羅万象の存在を肯定するような論述の拠って立つところを世俗諦とし、前者のみが真実、後者は幻影に過ぎないとしました。

ですから、シャンカラを開祖とする一大学派は、「不二一元論学派」とも「幻影論学派」とも呼ばれます。

勝義諦と世俗諦の二諦説は、『ミリンダ王の問い』で、説一切有部の論師ナーガセーナが説いているのが最初で、勝義諦は実在論、世俗諦は唯名論と位置付けました。ところがそれから数百年後、大乗仏教最初の学派である中観派の開祖である龍樹は、勝義諦は唯名論（一切皆空）、世俗諦は実在論としました。シャンカラはこの考えを借用したのですね。ですから、シャンカラやそのお師匠さんで幻影論を精力的に説いたガウダパーダは、みずからをヴェーダーンタ学派の正統派を自認する人々からは「正体を隠した仏教徒」（隠れ仏教徒）だと、強く批判されています。

また、同じ立場から、シャンカラは唯一無二の太初のブラフマン（プラジャーパティ、有）から派生したとされる例の卵、これを梵卵と言い、その中で蛹のような黄金の胎児が宿り、そこから森羅万象が流出するという説を、ばっさりと切り離しました。つまり、有るのは唯一無二のブラフマン（最高ブラフマン）だけであり、黄金の胎児は、無明によって限定された低位のブラフマンで、その正体は幻影の源だとしたのですね。

＊

宮元　これに対して、西暦紀元後十二世紀に、『ヴェーダーンタ・スートラ』の新たな註釈書を著したラーマーヌジャという学匠は、「被限定者不二一元論」を唱えまして、「最高ブラフマン」は、何の特徴（グナ、徳）もない（ニルグナ、無徳）ので、世界の源泉とは言えない。シャンカラが言う「低位のブラフマン」こそが、サグナ（有徳）であるが故に、世界の直接の源泉であり、それこそが最高主宰神なのだと訴えました。

ラーマーヌジャは南インドの人でしたが、その後サンスクリット語だけでなく、タミル語などの地方語で最高主宰神を讃える新たなヒンドゥー教運動が盛んになり、神は無徳だ、いや有徳だとの議論も賑やかになりましたが、そこから今日に至る、本格的な民衆宗教としてのヒンドゥー教が形成されていったのです。

ここには、インドで広まったイスラム神秘主義（スーフィーズム）も、深く絡んでいます。その概観につきましては、ヘーダエートゥッラ著・宮元啓一訳『中世インドの神秘思想――ヒンドゥー・ムスリム交流史』（刀水書房、一九八一年）をご覧ください。

もう版元に在庫はありませんが、もし関心がおありでしたらお貸ししますよ。差し上げたいのですが、残念ながら私の手元にも二冊しかありませんのでね。

B　過去仏、未来仏、現在仏、久遠実成の本仏

宮元　さて、仏教史の流れの中で、仏とはどのような存在なのかを標記の順に粗々の所を眺めることにします。まず、過去仏ですが、憶えていますか？

黒木　仏教の真理はゴータマ・ブッダが発明したものではなく、真剣な観察と、それに基づく考察によって発見したものでして、ですからゴータマ・ブッダの独占になるものではなく、過去にも同じようにしてそうした真理を体得した仏がいたはずだ、と。そして過去七仏でしたか、ゴータマ・ブッダを第七仏とする仏がいらっしゃるという説です。

宮元　はい、その通りです。後にゴータマ・ブッダは、菩薩として無数の前生《ぜんしょう》を生きてこられたとする「ジャータカ」（前生譚）が作成されるようになりますと、七仏ではとても足りない

ということだと思うのですが、過去二十五仏説も登場するようになります。

では、未来仏については、どうでしょうか？

澤口　本当の話かよく分かりませんが、ゴータマ・ブッダは、弟子の弥勒に、汝はわが亡き後（仏滅）、えーと、五十六億七千万経った時、兜率天《とそつてん》から地上に生まれ、仏に成るであろうと予言された、という話ですね。前回の『インド哲学教室①　インドの死生哲学』でも話題になりましたけど、弘法大師空海さんはただ今、兜率天で、弥勒菩薩のもとで修行中だそうですね。

宮元　はい、その通りです。ちなみに「五十六億七千万年」と普通伝えられていますが、定方晟先生によれば、「五十七億六千万年」が正しいそうです。サンスクリット語での数字の表記の仕方は、けっこう厄介なのですよ。例えば「三千世界」と漢訳されていますが、この「三千」は、「三掛ける千」ではなく、「千の三乗」なのですね。定方先生はインド数学にも造詣が深い方なのですが、私なんかサンスクリット語のインド数学の本は一行も分かりません。それなりの訓練を積まないと、とても無理のようです。

定方先生のご著書には『極楽と須弥山』（講談社現代新書）や『インド宇宙誌』（春秋社）などがあり、距離とか、面積とか、体積とか、長大な時間など分かり易い図や表がたくさん掲載されています。「甲掛ける乙」ならぬ「乙の甲乗」のオンパレードなのですね。とても便利な本で、ちょくちょく参照しています。

＊

宮元　では、現在仏についてはどうですか？

黒木　今先生が仰った「三千世界」、あらゆる方角に無数の仏国土があって、それぞれに一人の仏様がいらっしゃって、今現在、衆生救済を行っているのだ、という話ですね？

宮元　その通りです。無数の、と言いましても、よく知られているのは、東方浄瑠璃世界の薬師如来と、西方極楽世界の阿弥陀如来ですかしらね。意味は異なりますが、「如来」と言っても、「仏」と言っても、同じ人を指しますので、ご安心を。で、私たちが住んでいるこの世界は何と言いましたか？

澤口　娑婆《しゃば》世界、ですね？

宮元　娑婆世界には、現在仏はいらっしゃるでしょうか？

澤口　ゴータマ・ブッダが亡くなって以来、ずっと未来に弥勒が仏になるまで、いらっしゃいません。で、それでは救いがないということで、仏になり替わって活躍するのが、観音菩薩や地蔵菩薩など、数多くの菩薩だということでしたね？

宮元　はい、初期大乗仏教全般からすればそれで間違いありませんが、『法華経』は少し様子が違いますね。これについては、前回の『インド哲学教室①』でやや詳しく話をしましたが、憶えていますか？

澤口　「仏は常にいませども」の、あれですね？

黒木　本当は仏は昔からずっといらっしゃるのだけれども、出ずっぱりでは、人々が有難く思わないので、生まれた振りをし、修行した振りをし、死んだ振りをするのだという話ですね。随分と奇抜な考えのような気がしますが、今は目に見えないけれども、ずっと私たちのそばにいらっしゃるのだと考えると、救われた感じになりますね。以前僕は、その今様も入っている『梁塵秘抄』を読んだことがありますが、『法華経』に関するものがたくさんありますね。『法華経』のこと、一応の内容を知っていないと、日本の古典文学はきちんと読めないように思います。

宮元　その通りです。そればかりでなく、チベット仏教やヴェトナム仏教は、『法華経』を所依の経典にしていますね。日本仏教のようにたくさんの宗派に分かれていませんので、『法華経』の思想、文化は、わが国以上のものがありますね。

東南アジアの仏教は、皆、上座部仏教だというのではありません。ヴェトナム仏教は大乗仏教です。よく誤解する人がいますので、要注意です。

それはそれとして、『法華経』の仏さまは「久遠実成《くおんじつじょう》の本仏」だとされます。「永遠の昔にとっくに仏になっているお方」という意味です。

C　地蔵、虚空蔵、如来蔵、仏性

宮元　地蔵という名の菩薩、皆さん御存知のように、お寺にだけでなく、道端の小さな祠でもよく見かけますね。また、六体並ぶ「六地蔵」もよく見かけますね。輪廻での六つの生まれ変わり先のどこへでも、衆生救済のために駆け付けるという訳です。また、わが国では幼くして親に先だった子は、賽の河原で石を積んで、父母を孝養しようとしますが、鬼がやって来て、作りかけの供養塔を金棒で打ち壊す、と、そこにお地蔵さんが現れ、泣いている子を衣の裾に包み隠してくれると。こうした「地蔵和讃」という御詠歌がありますが、聞いたことありますか?

澤口　御詠歌ですか?　テレビの映像で、四国八十八か所で巡礼が歌うように唱えているあれですか?

宮元　そうです。お寺ごとに唱える御詠歌は異なります。独特の節回しで、私には無理ですね。巡礼は、たいがい折本の御詠歌集を携帯していると思います。一応我が家にもあるのですけどね。で、義太夫節の台本みたいに、文字の横に抑揚を示す記号が付いているのですが、五線譜ではありませんので、私にはさっぱり分かりません。

で、「地蔵和讃」、「これはこの世のことならず。――一つ積んでは父のため、二つ積んでは母のため――」で、とても哀しい歌詞で始まります。

澤口　それなら聞いたことがあります。長時間ドラマで、誰かがこれを唱え始めたら「陰気臭いから止めろ」と文句を言われて止めるシーンがありました。

黒木　僕は最後まで聞いたことがありますよ。たまたま参拝したお寺が、水子供養に力を入れていまして、亡くなった子のお婆さんかひいお婆さんか、唱えていました。確かに出だしは陰気臭いですけど、途中から何だか有難そうな明るい調子になって行きましたね。

宮元　ええ、ま、私は色々な寺を巡るのが好きなので、参拝客が御詠歌を唱える風景にはよく出くわして来ました。で、唱え方を習おうかなと思って、かなり昔のことですが、私が何年か講師を勤めたあるカルチャー・センターで、「御詠歌教室」の企画を提案したことがあるのです。係の人はたいへん乗り気で、色々と講師を探したのですが、結局実現しませんでした。というのも、御詠歌は特に昔の農村などで、これといった指導者なしに、女性たちの集まりで受け継がれて来たもので、これといった指導者なし、公民館でのママさんコーラスのような、どうも地縁限定の御詠歌の集まりが起源のようですね。

長くなりました。で、「地蔵」のサンスクリット語の語源は、「クシティ・ガルバ」、「大地の胎児」です。ヴェーダーンタ学派の解釈学では、ヴェーダ聖典に出て来る「大地」は、しばしばブラフマンを指すと解釈されます。広大無辺なイメージがありますからね。するとその語は、「ブラフマンの胎児」のこととなりますが、これって、あの自ら吐いた糸で出来た繭の中にいる蚕蛾の蛹のようなもの、つまり「黄金の胎児」だとなります。

虚空蔵菩薩の「虚空蔵」も、ヴェーダーンタ学派の解釈学によれば、結局「黄金の胎児」を意味するのです。

別に奇抜なことを言うのではなく、地蔵菩薩も虚空蔵菩薩も、ヒンドゥー教の最高主宰神に匹敵する存在、つまり大乗仏教徒にとっての永遠の全智者は、目覚めた人ブッダ、つまり仏ですから、仏のいわば雛型、ことばを換えて言えば、無仏時代の娑婆世界で、仏になり替わって衆生救済に奔走する尊い菩薩だと位置づけられたものだと考えられます。

＊

宮元　さて、次に「如来蔵」です。このサンスクリット語の原語は「タターガタ・ガルバ」で、「如来の胎児」を意味します。これも往昔の「黄金の胎児」と同じように、あたかも繭の中の蚕蛾の蛹のように、未来に如来、つまり仏に成る元、ことばを換えて言えば、仏になる可能性ですね。

中期大乗経典には、そのものずばり『如来蔵経』や、同様の趣旨の経典が幾つも作成されました。誰でも、また今はただの俗人に過ぎない人でも、それなりの自覚や環境や切っ掛けさえあれば、蛹から蚕蛾が羽ばたくように、仏として大成する可能性はあるのだと、そうした思想です。

この考えは、中国で老子の道、太極の思想と習合して、禅仏教として大きな花を咲かせました。どのような人でも元は道、太極から出ているとする老子などの思想と、えらく親近性があること、分かりますよね。

私、今は時間の都合がつかないのでやっていませんが、数年前まで、十年間ほど、研究熱心な学者肌の太極拳の指導者のもと、太極拳をやっていました。主客未分離、ただ一つの太極、道が、陰と陽に分かれて宇宙開闢となり、あたかも高い山に降った雨が、色々な経緯で、時には激しく、時には穏やかに流れ下り、やがてすべての雨が大海に注がれて、また主客未分離となる、それを追体験するのが太極拳の技の流れなのですね。気分としては、坐禅やヨーガの瞑想とほとんど変わりません。バランス力を鍛えることにもなりますので、またチャンスがあれば再開したいと思っているのですがね。

*

宮元 でも、「地蔵」と言い、「虚空蔵」と言い、「如来蔵」と言い、「ガルバ（胎児）」を「蔵」とした漢訳語はいただけませんね。胎児は機会さえあれば大きく変身して羽ばたくイメージが得やすいですが、「蔵」ではね。「蔵」では、下手をすればただ埃が積もって古びるばかりの品物が眠っているというイメージもありますからね。

＊

宮元　さて、「地蔵」、「虚空蔵」、「如来蔵」は、太古のヴェーダの宗教の流出論的一元論の重要なことばである「黄金の胎児」を連想させますが、直接の結びつきがあるとまでは俄かには断定しかねるところがあります。

しかし、「仏性」はそれとは違います。

この語は、今のところ漢訳でしか読めない『大般涅槃経《だいはつねはんぎょう》』に出て来ます。この題名は、パーリ語の『大般涅槃経』と同じですが、中身が相当に異なるため、俗に『パーリ語涅槃経』に対して『大乗涅槃経』と呼び慣わされているのですね。皆さんは、中村元訳『ブッダ最後の旅──マハーパリニッバーナ・スッタンタ』（岩波文庫）を読んだことがありますか？

黒木　はい。僕は岩波文庫になっている中村先生の訳はたいがい読みましたけど、一連のドラマを読むような感じなのは、その『ブッダ最後の旅』だけだったので、途中で退屈することなく何回か読みました。

澤口　私も同じです。中村先生訳の『ブッダのことば』、あちこちでよく引用されるので、それを確かめるために必要な限りは読みましたが、教訓的な話がずらずら並んでいるだけで、ストーリーがほとんど見られませんので通して読んで見ようかと思ったことはありません。『ブッダ最後の旅』では、教訓話だけでなく、映画の台本みたいな会話の遣り取りがあって、随分とゴータマ・ブッダの生の声が聞こえるような感じがして、読んでいて飽きることがあまりないですね。

＊

宮元　さて、その「仏性《ぶっしょう》」ですが、このサンスクリット語の原語が何であるのかは分かりません。ただ、「一切衆生悉皆《いっさいしゅじょうしっかい》有《う》仏性《ぶっしょう》」（すべての生類は、例外なく、仏性を持っている）といった文言から、仏性とは仏になれる可能性、素質で、すべての生類に等しく具わっているもので、先程みたばかりの如来蔵のようなものだとは推測されます。

　ただ仏性は「常楽我浄《じょうらくがじょう》」だと規定されているのですね。

　すると仏性は常住であり、歓喜（楽）であり、我（アートマン、自己）であり、清浄である、となりますので、これはもうヴェーダーンタ学派の、世界の根源たることばとしてのブラフマン（梵）そのものでしかありません。ヴェーダーンタ学派の、それも初代シャンカラを開祖とする不二一元論の根幹を示す文言でしかありませんね。

　マウリヤ朝マガダ国の第三代のアショーカ王が、ゴータマ・ブッダ誕生の地、成道の地、初転法輪の地、入滅の地の四大聖地の仏蹟と、そこを結ぶ巡拝路を整備し、それを契機に西インド方面に仏教が伝播する拠点となるような壮麗な仏舎利塔が建立され、唯名論による菩薩の行が喧伝されるようになり、ついに西暦紀元直前か直後に大乗仏教が興起する中で、仏教に太古のヴェーダの宗教要素がどんどん入って来ましたが、この『大乗涅槃経』に至って、根本的なところでヴェーダの宗教の伝統と大乗仏教がぴったりと重なり合ってしまったのですね。まこと、感慨深い話とはいえ、ゴータマ・ブッダの往古の仏教はどこに行ったのか、気が遠くなります。いやー、ここまで来たかといったところです。

『大乗涅槃経』の作成年代ははっきりとはしていませんが、中期大乗経典で如来蔵を説くものが多く出た後を受けてのこと、また本格的な密教経典が出現する前のことと考えられますので、西暦紀元後五世紀後半から六世紀にかけてのことかと思われます。

ヴェーダ聖典の伝統に立ちながらも、隠れ仏教徒と批判されたガウダパーダは七世紀半ば以降、初代シャンカラは八世紀前半ですから、かなり近い感じですね。

D　本覚論

宮元　さて、大乗仏教の中核がどんどんとヴェーダの宗教に由来する唯名論と区別し難いところまで来た様子を概観して来ましたが、ついに初代シャンカラの著作かと見紛うほどの大乗仏教の論書が登場します。『大乗起信論』です。

これも漢訳でしか読むことの出来ないものですが、その漢訳の文言から、不二一元論に限りなく近いサンスクリット語の文言がかなり容易に推定されます。

あまりにもゴータマ・ブッダの仏教からかけ離れているようにも見えることから、これはインドで作成されたのではなく、如来蔵思想を過激に受け止めた中国の学問僧が作った「偽作」ではないかとの議論が絶えませんでしたが、恐らく今はもうそのような議論を真面目に展開する仏教学者も影を潜めているようです。

『大乗起信論』はそのタイトルからも窺えるように、大乗仏教の真骨頂は、大乗仏教に絶対的に信を置くことによってのみ体得される、とするもので、何か大乗を疑う者は有無を言わさず門前払いと、いやに敷居を高くしている気がしないでもありません。

それはさて措き、中国ではそれほどではなかったようなのですが、わが国ではこの論書は、宗派の違いを超えて、わが国の学問僧たちの間ではとても珍重されて来ました。写本も相当数ありますが、江戸時代になって木版印刷が確立されてからは、論書としては抜群の出版数を誇り、たくさんの註釈書も著わされました。

私、大学の学部の四年生の時、卒業論文ではなく、数冊のサンスクリット語本、漢訳仏教本の幾つか指定されたものの内三冊を選び、教員からの何の指導もなしに読み、年度末にペーパー試験が課せられる「特別演習」を選択し、その一冊がこの『大乗起信論』でした。

どの刊本、どの註釈解説書が良いかはまったく指定されませんので、助手の方に相談したり、仏教書を専門に取り扱っている書店の店主に定評のあるものを教えてもらったりして、いや大変でした。

今なら、相当に楽なのですね。と言いますのも、それから二十年ほどしてから、高崎直道先生が岩波文庫から漢訳の読み下し、現代語訳、丁寧な訳注の揃ったものが刊行されましたのでね。

高崎先生は、それまでにもかの如来蔵を説く経や論を解明する厖大な研究論文や著作を出されており、また仏教学者には珍しく、ウパニシャッド文献群を中心に、ヴェーダの宗教、哲学思想についても多くの研究成果を出されていました。『大乗起信論』の文庫版には、これ以上の学者はいませんでしたね。

何か思い出話みたいになりそうなので、この話はここで止めて置きますが、この高崎先生の手による文庫版の『大乗起信論』、読まれたことはありますか?

黒木　岩波文庫にこの本があるのは知っていますが、読んだことはありません。

澤口　私は、何か大切なことが書いてあるかなと思って、一応買ってはありますが、ちらっとしか読んでいません。先生は分かり易いと仰いましたが、私には馴染みのないことばの連続みたいに思えるものですから。それから、先生からこの本は不二一元論学派の本だと思い込んで読むと、案外分りや易いですよ、という話を耳にしたのがこの本を買う動機だったように思いますが、私は不二一元論の知識がほとんどありませんので、やはり、難しいです。

宮元　そうですか。でも、これからの話を聞けば、俄然、読んでみたくなると思いますよ。

＊

宮元　さて、『大乗起信論』の中心的な構想は、「本覚《ほんがく》」と「始覚《しかく》」という枠組みにあります。「本覚」とは、先に『法華経』の「久遠実成の本仏」の話をしましたが、それと軌を一にする考えで、すべての生類、衆生は、実は永遠の昔から目覚めた人ブッダ、つまり仏に他ならないのだということです。「本から目覚めた人」ですね。これはまさに、不二一元論の根本テーゼなのですね。

でも、どうでしょうか？　そう言われましても、皆さん、「あなた方は生まれる前から、もう目覚めた人ブッダだったのだよ」なんて言われて、「はい、その通りだと思います」とすんなり行きますか？　黒木さん、あなたは生まれる前から正真正銘の仏なのですね、と感心されたとして、どう思いますか？

黒木　何かからかわれているような気がします……。あなたは完全無欠の人だと言われたら、かえって警戒しますよね。何の魂胆があってそのようなことを言うのかなって。

宮元　澤口さんはどうですか？

澤口　いえ、私だってそうです。何だか気味の悪い話ですね。

宮元　その「何だか気味の悪い話」という感覚をいつも頭の片隅に置いて、初代シャンカラの著作を読むと、ぐーんと理解が深まると思いますよ。これは冗談ではなく、私自身の実感でもあるのです。一応、私は初代シャンカラの著作、全訳ではないですが、訳して出版までしていますのでね。

＊

宮元　『大乗起信論』にしろ、初代シャンカラにしろ、本覚なる考えだけをぶつけるだけで、説得力万全だなどと考える程浅はかではないのですよ。誇大妄想に取り憑かれている人でなければ、自分は仏教用語で言えば、煩悩まみれの凡夫だと思っています。そこで『大乗起信論』と初代シャンカラは……えーと、もう面倒なのでまとめて「両者」と言うことにします。

両者は、すべての生類は、本来は迷いも苦しみも悲しみも何も無いのに、生活実感としては迷い、苦しみ、悲しむわけではあるけれども、それはおのれの内側にある、内在的にというか、本然的にというか、そのような生きている限り生類には絶対に避けられないものではなく、自分の内側からではなく、外から迷惑にもやって来る塵や埃のようなもののせいなのだと言うのですね。

外から迷惑にもやって来る塵や埃のようなもの、これを客塵《きゃくじん》煩悩と言い、また、迷惑な無明、錯覚だと両者は位置づけるのです。

ちなみに、両者ともそれがどこからやって来るかはまったく言及しません。論理的に、もしもそれが内に起因するものであれば、それを滅ぼすことは自身を破滅させる以外に道はありませんね。どこか知らない外から来るのであれば、塵や埃を払うとか、無明を払うとか、外面を掃除すれば済みますので、自身が傷つくことはありません。うまい考えですね。

塵や埃を払う、後の禅仏教では、本来の清らかな明鏡に積もった塵を払う、ただそれだけ、不二一元論では「何だ、そうだったのか」と単に気付くだけで、問題はすべて解消と、いとも簡単な話ですね。

初代シャンカラは、これを次のような譬え話で説明します。

ある子供が、自分を含めて十人で川を渡りました。渡り終えた後、その子は全員、無事に渡り終えたかどうか確認するために人数を数えます。何度数えても九人です。困惑しているその子に、別の子が言います。君が十人目でしょ、と。そこで、その子はああそうだったのかと安堵すると、これです。

この、「何だ、そうだったのか」と気付くことを、『大乗起信論』は「始覚」と名付けます。と、ここまでの話、何か質問がありますか?

黒木　無理やり理解しろと言われれば、無理やり理解してもいいかな、と思わないでもありませんが、あまりにも大掛かりな仕掛けなのに、そんなことでお終いですかって気になりますが。

澤口　それって、例えばサスペンスドラマで、さんざんいかにも怪しげな人物が次々と浮上して、さあ犯人は誰か？　と盛り上がったところで、最後、ただの行きずりの人間のちょっとした逆上による犯行だったなんて、誰も納得しませんよね。何かそれに似たような気がしますが、どうでしょうか？

宮元　それを聞いて安心しました。それはないでしょ、というのは、健全な常識人のまっとうな感覚だと思いますよ。で、ここからは、舞台は日本、平安時代の初め、後の日本仏教の二大潮流の源泉となったのは、比叡山に拠点を置く伝教大師最澄の日本天台宗と、東寺と高野山に拠点を置く弘法大師空海の日本真言宗ですが、特に比叡山の天台宗では、いつの頃からか門外不出の秘教として、天台本覚論が幹部学問僧の間で広まりました。

実に怪しげな文書が横行しました。伝教大師最澄の秘密の真意はこうだとする、最澄自筆とされるフェイク文書が出回ったりしたのですね。

なぜ門外不出扱いしたかと言いますと、これは私の臆測でも何でもなく、比叡山のトップエリートの間でもかなり早くからくすぶっていた疑念を封ずるためだったのです。

さて皆さん、常識的に考えて、くすぶっても不思議ではない疑念って、何だったと思いますか？　これは仏教に身を投ずるとはどういうことかと皆さんが常識的に考えるところと、この本覚論との違和感の問題なのですが。どうでしょう？

澤口　生まれる前から目覚めた人ブッダだったら、わざわざ出家して、なんで仏に成ることを目指して厳しい修行をする必要があるかしら、と、私なら思いますけど。ただぐうたらと寝っ転がってばかりいても、それで良いとまでは思いませんが、普通の世間並みの、極く当たり前の日常生活して、でもお前さんは生まれる前から、目覚めた人ブッダだなんて言われても相変わらずの生活をしてと、これ、天台宗のお坊さんが、それはどうかな、なんて、批判出来るはずのことではありませんよね。出家、出家と大層に言いますけど、出家にはこれでは発言力ゼロ、みたいな気がします。どうでしょうか？

宮元　良いところを衝いて来ましたね。これは健全な常識を武器にした、澤口さんの一本勝ち、天台宗のお坊さんの出る幕はありませんね。

どういうことなのかと言いますと、本覚論でも、初代シャンカラでも同じことなのですが、「修行無用論」そのものになってしまうからなのですよ。

初代シャンカラは、これをあからさまに主張します。修行とは行為、つまりいかなる善い行いでも業であることに違いはない、修行は輪廻の悪夢へと誘うだけのものに過ぎないのだ、行うのではなく、はっと気付く、それだけで良いのだと、まあ露骨極まりない修行無用論、というか、修行こそ無明の餌食と、その感覚、分かりますか？

黒木　すごいことを言うのですね。でもそれって、悪意のある極論とは思えませんね。初代のシャンカラにしてみれば、初めから純一無雑なブラフマンだったら、それを目指そうなどという修行は、無知、無明のいたずらに翻弄されているだけだと、いい加減、目を覚ましたらどうか、なんて、そういうことになるのでしょうね。

宮元　黒木さんにしても、澤口さんにしても、私、感動ですね。こうした応答、かつての大学での講義ではまずありませんでしたからね……。

＊

宮元　さて、ここで日本曹洞宗の開祖、道元禅師の話を述べることにします。

道元さんって、御存知ですか？

澤口　はい、あの永平寺を開いた人ですよね？　私、何回か永平寺での修行の風景をテレビで見ましたが、随分と厳しい修行をするのですね。

黒木　道元さんですか。行きあたりばったりで色々な本を読んでいると、あちこちで道元さんの話をみたのですが、まとまったイメージはないですね。厳しい坐禅に専念したすごいお坊さん、というぐらいです。

宮元　そうですか、まあ今のところそれぐらいの認識で十分です。

問題の「本覚論」との関りですが、道元さん、一応は公家、貴族の出で、比叡山延暦寺、天台宗に出家として上り、それなりのエリート学問僧としてのキャリアを積んだのですね。でも比叡山の天台宗の中枢に近づいたのですから、成り行きで天台本覚論を知ってしまったのですね。

道元さんは極めて真面目に修行に打ち込んで来ましたので、天台本覚論ではこれまで真剣に打ち込んできた修行が無用とは、まったく納得が行かなかったのです。

さあ、道元さん、これは如何にとあちこちと高僧に会って問うたのですが、どうも得心が行かない、ということで、日本仏教にとっては本場の中国に教えを求めたのです。

私、どのようにして中国留学のつてとか資金を手に入れたか、たいして興味がないので省きますが、ともかく、中国に渡ったのです。で、中国の港に着いて、道元さんにはその後の修行の必須要件となる、衝撃的な体験をするのですね。

それは、道元さんの『典座教訓《てんぞきょうくん》』という短い著作にその生々しい体験が綴られています。原文は漢文ですが、そのハイライトを私の和訳で読むことにします。短いものですが、これがそのプリントです。

では、読みますね。

まず、道元さんが中国に渡る時に乗った船には、さまざまな輸出品がありましたが、今回問題となるのは、九州は恐らく大分地方原産の干し椎茸です。これは、わが国の精進料理に欠かせない出汁の元で、それは中国の寺院でも同じことでした。

「典座」というのは、禅宗寺院の料理長のことです。

「また、嘉定十六年（日本の年号では貞応二年、後堀河天皇、西暦一二二三年）の五月、慶元の港に停泊中の船の中で日本の役人頭と話を交わしていたところ、一人の老僧がやって来た。年の頃六十といったところである。

老僧はまっすぐわが船中に入り込み、ほかの日本人客に、日本産の干し椎茸を購入したいのだがと問うた。

わたくしは、その老僧にお茶をふるまった。どこのお方かと問うたところ、自分は阿《あ》育王山《いくおうざん》の典座であると言う。老僧が言うには、自分は西蜀《せいしょく》の出身で、故郷を離れて四十年を経過し、今年で六十歳となる。これまで各地の禅寺をざっと巡り歩いて来たが、先年、得心するところがあって、権孤雲が住持している阿育王山に逗留することにした。何かこれといったことのないまま時を過ごしていたところ、去年、解夏《げげ》の行事が終了した折に、典座に任命された。明日、五月五日、皆に給仕すべき良い食材の手持ちが切れてしまった。麺汁をこしらえなければならないのであるが、出汁となる干し椎茸が手元にない。そこで、そのためにだけであるが、こうしてやって来て干し椎茸を購入し、すべての修行僧をもてなしたい、という訳である、と。

わたくしが、いつあちらを立たれたのかと尋ねたところ、典座が言うには、朝食が終わってからである、と。わたくしが、阿育王山からここまで、どれほどの道のりなのかと尋ねたところ、三十四、五里だと言う。いつお寺にお帰りになるのかと問うと、今、干し椎茸を購入したらすぐに帰る、と。

わたくしは言った、今日は期せずしてお目にかかり、その上、船中でお話しすることができました。またとないご縁ではないでしょうか。わたくしが典座禅師さまをおもてなしいたします、と。

典座が言うには、それは駄目です。明日の料理のしつらえはわたくしが管轄しなければ成り立ちませんので、と。わたくしは言った、お寺には、御貴殿の同僚で、朝食をしつらえられる人はいないのですか、典座さまお一人がいなくても人手不足ということはないでしょう、と。

典座は言った、自分は年老いてようやくこの職を掌ることとなった、これこそがこの老いぼれの弁道(修行)なのである、どうして別人に譲ることなどできようか、また、今回ここに出向くに当たって、一泊することを寺に申請していないので、と。

わたくしは言った、典座さまは結構なご年齢です、どうして坐禅・弁道《べんどう》し、古人の言行を見究めようとなさらないのですか、どうして煩雑な典座の職にあって作務(道元はこの時これを「雑務」としか考えていなかった)ばかりに追われておいでなのですか、と。

典座は大いに笑って言った、外つ国から来られたご親切なお方よ、御貴殿は、弁道の何たるがお分かりになっていない、まだ古人が遺したことばがお分かりになっていない、と。」

道元さんにとって、これは強烈な体験でした。これではっきりと心を固め、中国で修行に邁進したのですね。

　道元さんは、「只管打坐《しかんたざ》」（四の五の言わず、ともかく坐禅せよ）を強調しますが、実は、例えば、皆さんもテレビの映像で見て分かるように、修行僧にとって行住坐臥、修行でないものはないのですね。

　そして厳しい修行を経て、道元さんは本覚論から出て来兼ねない修行無用論に、最終的な結論を得たのです。それは、「修証一等《しゅしょういっとう》」ということです。何もしないままでは、みずからが仏であることの実感は決して得られない、修行していることが即、仏であると実感することである、という意味です。

＊

　ここで、何か質問ありますか？　無いようですね。私も、予定した話はこれで終わりです。
黒木　質問ではなく感想ですが、典座の話、面白かったです。ちょっと感銘を憶えました。
澤口　私も同じです。道元さん、頭をガーンと打たれたみたいになったでしょうね。カルチャーショック、では少し軽いかな、いきなりぱっと目が醒めた、今までの自分って何だったのだろうと、凄い話ですね。
宮元　では適当な時間になりましたので、今回の一連の授業は終了とします。以前にも言いましたが、こうした問題は、一生考え続けても結論に辿り着けるかどうか分からないものですが、時間無制限に授業を続けるというのも、現実的ではありませんね。授業が終わったからといって、問題解決、お終い、にはなりませんので、これからも折に触れて考えを巡らせてください。

＊

宮元　それでは、また、値段はびっくりするほど安いのですが、私としては十分おいしいと思っているワインがありますので、軽く一杯やりましょうかしらね。

黒木　あ、前回のと同じワインですね。これ、本当においしいですね。

澤口　私、赤よりも白が好きなのですが、ありますか？

宮元　ええ、どちらもありますよ。遠慮なくどうぞ。では。

宮元・澤口・黒木　乾杯！

宮元啓一（みやもと・けいいち）
1948 年生まれ。東京大学で博士（文学）号を取得。
現在、國學院大學名誉教授。
著作に、『インド哲学七つの難問』（講談社選書メチエ）、『仏教誕生』（講談社学術文庫）、『仏教かく始まりき　パーリ仏典『大品』を読む』『インド哲学の教室』（春秋社）、『わかる仏教史』『ブッダが考えたこと』（角川ソフィア文庫）、『勝宗十句義論』（臨川書店）、『新訳 ミリンダ王の問い』『［全訳］念処経』『インド哲学教室①　インドの死生哲学』（花伝社）など。

カバー写真：「国立文化財機構所蔵品統合検索システム」（https://colbase.nich.go.jp/collection_items/tnm/TC-462?locale=ja）をもとに作成

インド哲学教室②
インドの唯名論・実在論哲学——大乗仏教の起源とことば

2023年 5 月25日　初版第 1 刷発行

著者 ——宮元啓一
発行者 —平田　勝
発行 ——花伝社
発売 ——共栄書房
〒101-0065　東京都千代田区西神田2-5-11出版輸送ビル2F
電話　03-3263-3813
FAX　03-3239-8272
E-mail　info@kadensha.net
URL　https://www.kadensha.net
振替 ——00140-6-59661
装幀 ——佐々木正見
印刷・製本—中央精版印刷株式会社

ISBN978-4-7634-2063-3 C0015